ET
ORDONNANCES

TANT ANCIENS QUE NOUVEAUX

DES MAISTRES

FEVRES-MARÉCHAUX

De la Ville, Fauxbourgs & Banlieuë de Paris.

Confirmés par Lettres Patentes du mois d'Octobre
1687, regiſtrés au Parlement le 25 Juin 1688.

A PARIS,

Chez JACQUES-FRANÇOIS GROU, Imprimeur-
Libraire, ruë de la Huchette, au Soleil d'Or.

M. D. CC. XLII.

ORDONNANCES

DES

MARESCHAUX

ET

Extrait du Livre intitulé le Livre jaune
petit, folio premier, *estant en la Chambre de Monsieur le Procureur du Roy au
Châtelet de Paris.* 22.9^{bre}.14

A TOUS CEUX QUI CES
PRESENTES LETTRES verront,
Jacques de Villiers, Seigneur de l'Isle-
Adam, Conseiller Chambellan du Roy
nostre Sire, & Garde de la Prevosté de Paris,
Commissaire donné & député de par le Roy
notredit Seigneur, sur le fait des Mestiers de la
Ville de Paris. SALUT, Comme de grande ancienneté ayant été fait Ordonnances sur & touchant les Mestiers de cette Ville de Paris, &
entre les autres Mestiers, ès Mestiers des Ma-

réchaux , Greffiers , Heaulmiers , Villiers & Grossiers, desquelles Ordonnances ceux dudit Métier eussent joüy & leur eussent été entretenuës en Justice en la Ville, Fauxbourgs & Banlieuë de Paris, de tout tems, & pour ce que lesdites Ordonnances n'étoient & ne sont assez amples ny éclaircies pour le bien & utilité des Métiers dessus déclarez & mêmement en tant que touche le Métier & industrie de Févre & Maréchal, aucuns dudit Métier : C'est à sçavoir Girard Taupin, Jean Guillard, Gilles Marin. & Michel Gobert, tous Maréchaux à Paris, en leurs noms & au nom de la Communauté dudit Métier de Maréchal, pour obvier aux inconveniens advenus & qui adviendroient & pourroient advenir de jour en jour en plusieurs Chevaux & Bêtes Chevalines, & ouvrages dudit Métier, au moyen & par la faute de plusieurs personnes moins suffisans qui s'étoient & sont efforcez & efforcent lever & tenir ouvrer & besongner dudit Métier de Maréchal en cette dite Ville de Paris, auroient fait ainsi qu'ils disoient, rediger & mettre par écrit & par bon conseil, certains points & articles concernant & regardant ledit Métier & industrie de Févre & Maréchal, pour les ajoûter & incorporer esdites Ordonnances précedentes. Requerant pour les causes & pour le bien des Maîtres & Ouvriers dudit Métier, & pour l'augmentation d'iceluy, que voulussions ajoûter iceux nouveaux Articles aux anciennes Ordonnances & Statuts, & ordonner iceux estre gardez & ob-

servez fans enfraindre. Defquels points & Articles
la teneur enfuit.

ARTICLE PREMIER.

Premierement, que tous les Maîtres Févres-
Marêchaux qui feront à prefent tenant Ouvroüer
dudit Métier en cette Ville de Paris, feront &
demeureront Maîtres dudit Métier, & joüiront
d'iceluy au tems avenir, comme ils ont fait au
tems paffé.

II

Item, Et pareillement un chacun Varlet qui
fera trouvé ouvrier fuffifant & expert audit Métier, & tel à Nous rapporté par les Jurez &
Gardes d'iceluy, fera reçû & paffé Maître, &
pourra befongner & tenir Ouvroüer en cette
Ville de Paris, en ce faifant le ferment en tel cas
accoûtumé, & payant vingt fols parifis, la moitié
au Roy nôtre Sire, & l'autre moitié aufdits Jurez
& Gardes & Confrairie d'iceluy Métier, s'ils ne
font Fils de Maître, ne payeront que cinq fols
parifis à ladite Confrairie, & non plus.

III.

Item, Un chacun Maître dudit Métier pourra
avoir un Apprentif & non plus, avec fes enfans
nez en loyal mariage, fi aucuns en a, & ne pourra
prendre iceux Apprentifs à moins de trois ans
d'apprentiffage, fur peine de foixante fols parifis
d'amande, moitié au Roy, & l'autre moitié aux
Jurez & Confrairie dudit Métier : Et fi fera tenu
chacun Apprentif payer dedans le huitiéme jour
dudit Apprentiffage, à icelle Confrairie deux fols
parifis. A iij

I V.

Item, Si aucun Apprentif se départ ou deffuy durant le tems de son apprentissage, contre le gré & volonté de son Maître, aucun dudit Métier ne le pourra mettre en besogne sur peine de soixante sols parisis d'amande à appliquer comme dessus, sans avoir sçû le sujet pour lequel il aura quitté son Maître, & enjoint de retourner trouver son Maître, sur peine de prison, s'il n'y a excuse valable.

V

Item, Et pareillement aucun Varlet alloüé à aucun Maître dudit Métier, ne pourra départir de son service, ne laisser sondit Maître, outre le gré & volonté d'iceluy son Maître, jusqu'à ce qu'il ait parfait sondit service, s'il n'y a cause raisonnable, auquel cas il sera tenu faire sçavoir son partement à son dit Maître, un mois auparavant, afin qu'il ne demeure dépourvû de Varlet, sur peine de dix sols parisis d'amande : Et aussi qu'aucun Maître dudit Métier ne pourra sortraire ne mettre en besogne iceux Varlets & Apprentifs, jusqu'à ce qu'ils ayent parfait leur dit apprentissage & service, sur pareille peine de soixante sols parisis d'amande à appliquer comme dessus.

V I.

Item, Et qu'un chacun Maître dudit Métier aura marque ou enseigne particuliere & différente l'un de l'autre, dont il sera tenu marquer son Ouvrage, sur peine de cinq sols parisis d'amande à appliquer comme dessus : Et pour ce faire aura en la Chambre du Procureur du Roy au Châtelet de Paris, une Table de plomb, en laquelle lefdits Maîtres & tous ceux qui feront au tems à venir, le jour de leur réception, fraperont leurs marques & enfeignes, laquelle ils ne pourront aprés muer ny changer.

VII.

Item, Que les Femmes Veuves defdits Maîtres, durant le tems de leur viduité, pourront tenir Ouvroüer dudit Métier, & avoir Varlets, pourvû qu'elles foient de bonne vie & vivent honeftement, & autrement non, & lefdits Varlets Ouvriers & fuffifans, & gens honêtes & de bonne vie.

VIII.

Item, Qu'un chacun Maître dudit Métier, befognera de bon fer convenable felon les Ouvrages à quoy il fera appliqué; & auffi fera bon & loyal ouvrage & bien forgé, fur peine de trente fols parifis d'amande à appliquer comme deffus pour chacunes fois qu'il en fera repris, & de caffer & rompre les faux & mauvais Ouvrages.

IX.

Item, Et pour obvier à toutes noifes, débats & envie qui pourroient fouldrent entr'eux, ordonné eft que fi aucuns Maîtres dudit Métier a commencé aucun Ouvrage ou appareil à un Cheval, un autre Maître d'iceluy Métier, pourra à l'inftance & réquête de celuy à qui fera le Cheval, le pourra depuis parfaire & y befogner du fceu & confentement ou congé des Jurez & Gardes d'iceluy Métier qui le permettront, & non autrement , fur peine de fix livres parifis d'amande à appliquer comme deffus.

X.

Item , Et pour garder les Conftitutions & Ordonnances des fufdits, & faire tenir en leurs termes, feront créez, commis & prépofés, inftitués & eftablis par élection des Maîtres de la Communauté dudit Métier, pour ce affemblés par le Procureur du Roy audit Châtelet, quatre Prud'hommes, lefquels auront la vifitation de tous les Ouvrages de leurdit Métier, seront leurs rapports en la Chambre du Procureur du Roy, ainfi qu'il a accoûtumé de faire pour y pourvoir comme de raifon. Ouy laquelle Requête Veu auffi par Nous en la préfence des Avocats & Procureur du Roy nôtredit Seigneur, & autres Confeillers & Avocats dudit Châtelet, lefdites Ordonnances anciennes avec lefdits Articles cy-deffus tranfcrits à Nous préfentés par les deffufdits, pour fur ce leur pourvoir, euffions mandé & fait venir devant Nous ledit Gilles Marin deffufnommé , Jean Cordier, Simon de Laiftre, Antoine de Verneüil, Jurez d'iceluy Métier de Maréchal ; & auffi Pierre de Genefve , Guillaume Baftard, Jean Bourbon , Jean Pennieres , Regnier Lemefnager , Pierre Guillard, Jean Haverfard , Pierre Beuillet, Pierre de Breban , Jean Raguvé , Pierre Vannoiere , Jean Oudain , Jean Guillard , Girard Gillain , Girard de Breban , Girardin Taupin , Michel Gobert, Jean de Broffe , Pierre Cornu , Pafquier Nicolas, Philippes Rebut, Joffe le Févre , Hervé
Debro

Dema, Georges Lescot, Jean de Coullon, Pierre Letellier, Gilles Balut, Pierre de Laical, Robert Dubois & Hervé Treman, tous Févres-Maréchaux faisans & représentans la plus grande & saine partie des Maîtres Févres & Maréchaux de cette Ville de Paris, en la présence de tous lesquels susnommés, eussions fait faire lecture de mot à mot des articles dessus transcrits, qu'ils requeroient être veus, ajoûtés & incorporés avec les anciennes Ordonnances, comme dit est ; & ladite lecture faite, les eussions interrogés & assermentés, à sçavoir s'ils avoüoient ladite Requête & le contenu esdits articles dessus transcrits, se iceux pour l'utilité dudit Métier de Févres & Maréchal, ils vouloient tenir & observer sans enfraindre. Tous lesquels d'un commun accord & consentement eussent & avoient dit & affirmé qu'ils sçavoient le contenu esdits articles dessus transcrits, être utiles & profitables pour le bien & entretenement dudit Métier de Févres & Maréchal, avoüiant la Requête faite & présentée par ledit Taupin, Guillard, Marin & Gobert dessus nommés, & le contenu en iceux Articles, vouloient, consentoient & requeroient être tenus, gardés & observés avec les Ordonnances anciennes pour le bien & utilité de la chose publique & desdits Févres & Maréchaux. Ouy laquelle affirmation, & considéré à meure délibération ce qui faisoit à considerer : Avons dit & ordonné, disons & ordonnons que les nouveaux Articles dessus transcrits, touchant & regardant ledit Métier de Févre &

Maréchal, feront ajoûtés avec & aufdites anciennes
Ordonnances, pour le contenu en iceux nouveaux
Articles, être dorefnavant avec le contenu ès Ordonnances anciennes, tenu, gardé & obfervé entre
les Maîtres, Jurés & autres dudit Métier de Févre
& Maréchal à Paris, de point en point felon leur
forme & teneur, & fans enfraindre & tout ainfi
que lefdits Articles le contiennent : En témoin de
ce Nous avons fait mettre le Scel de ladite Prevôté
de Paris à ces Préfentes qui furent leuës & publiées en Jugement audit Châtelet de Paris, le
Mardy vingt-deuxiéme jour de Novembre l'an
de grace mil quatre cens ~~foixante-treize~~, & extrait
& délivré aux Jurés Maréchaux de cette Ville de
Paris : Ce requérant le Jeudy vingt-quatriéme
jour d'Avril mil fix cens huit. *Et à côté eſt écrit,*
Extrait Maréchaux, Voifin. *Et au deſſous,* Collation faite au Regiftre, avec un paraphe. Signé,
DROUART.

foixante troiſ.

ARTICLES

Que les Maîtres Maréchaux de cette Ville, Pre-
vôté & Vicomté de Paris, requierent être ajoû-
tés à leurs anciennes Ordonnances, pour être
par eux dorenavant inviolablement observés &
gardés.

I.

PRemiérement, que les Fils de Maîtres de
Chef-d'œuvre, ne payeront que cinq sols parisis à la Confrairie dudit Métier, quand ils feront
reçûs Maîtres, & un sol parisis à chacun des quatre
Jurés, suivant les anciennes coûtumes, & ne tien-
dront Boutique qu'ils n'ayent vingt-quatre ans
pour le moins, si ce n'est par le trépas du pere &
mere, auquel cas la pourront tenir à dix-huit ans,
& ne seront tenus contribuer aux Lettres de Finances que pour moitié, d'autant qu'ils sont Fils
de Maîtres de Chef-d'œuvre.

II.

Que les Fils de Maîtres de Lettres ne pourront
tenir Boutique, ne se dire Maîtres s'ils ne font
expérience en la présence des Jurés & Bacheliers
dudit Art, dont sera fait rapport au Procureur
du Roy au Châtelet de Paris, & en ce faisant les
Lettres de leur pere, serviront d'apprentissage.

III.

Que tous Maîtres qui débaucheront les Serviteurs des autres Maîtres, ou feront débaucher
par d'autres, & qu'il soit prouvé, payeront soi-

xante fols parifis d'amande, moitié au Roy, &
l'autre moitié à la Confrairie.

I V.

Que tous les Vagabons coureurs qui fe difent
Maréchaux, & qui ne fçavent leur Métier, trom-
pans le public au fcandal & mépris de l'Art de
Maréchal, ne pourront travailler ni mettre la
main fur aucuns Chevaux, fur peine de fix livres
parifis d'amande à appliquer comme deffus, &
de confifcation de leurs Outils; & pour ce faire,
expreffes inhibitions & deffenfes leur en feront
faites.

V.

Pareilles deffenfes feront faites aux Maréchaux
des Princes & Seigneurs qui ont fait faire des
Forges au logis de leurs Maîtres, de travailler
pour autres que pour leurfdits Maîtres, & de ne
penfer, ny ferrer autres Chevaux que ceux qui
font en leurs Efcuries, fur peine de douze livres
parifis d'amande pour la premiere fois, & du
double & triple pour la feconde & troifiéme fois,
applicable comme deffus, fi ce ne foit qu'ils fuffent
Maîtres reçûs en ladite Ville de Paris.

V I.

Deffenfes auffi feront faites à tous Maîtres Maréchaux de prêter leur Forge & Boutique à aucuns Coureurs Maréchaux fans aveu, & qu'ils ne
font domeftiques ni à gages d'aucuns Princes ou
Seigneurs, lefquels vont par les Ecuries prendre
la pratique des Maîtres, fur peine de dix livres
parifis d'amande, & de douze livres parifis pour

Coureurs, applicable comme deſſus.

VII.

Qu'aucun Maître de Lettres tenant Boutique, ne pourra entrer en Jurande ni être élu Juré, s'il n'a tenu Boutique ouverte douze ans entiers, leſquels expirés, il pourra être par la pluralité des voix, élu Juré ſans qu'ils pûſſent aſſiſter aux Chef-d'œuvres, s'ils n'y ſont appellés.

VIII.

Tous ceux qui voudront parvenir à la Maîtriſe du Métier de Maréchal, payeront à la Confrerie ce qu'ils auront promis volontairement ; & ce auparavant que de faire le ſerment.

IX.

Quiconque ſera reçû Maître Maréchal en cette Ville de Paris, payera par chacun an ſix deniers à la Confrerie dudit Métier, l'octave de la Pentecôte, outre l'ordinaire qui eſt à la Saint Remy.

X.

Que tous Maîtres qui voudront avoir Travail en leurs maiſons, le pourront faire, & s'ils le veulent tenir en ruë, prendront le congé du Voyer, & payeront au Roy ſix ſols pariſis pour le droit d'hauvent.

XI.

Les Chevaux qui ſeront attachés à la Boutique d'un Maître Maréchal, & qui fortuitement bleſſeront quelqu'un en paſſant, pourvû que le Cheval n'ait qu'un pied & demy de longueur de licol, leſdits Maréchaux n'en pourront être tenus, & ne leur en pourra en faire aucune inſtance.

XII.

Pourront lesdits Maréchaux avoir tant de Serviteurs que bon leur semblera, pour travailler à la grosserie, ferrerie, & en toutes sortes d'ouvrages noirs, comme.... hoyaux, fourches, & autres concernans leur Métier, & travailler matin & soir às heures portées par les Réglemens.

XIII.

Que nul Maître ne pourra tenir qu'une Boutique, toutefois pourra avoir dans sa maison deux Forges au lieu où il verra bon être, pourvû qu'elles ne soient sur ruës.

XIV.

Nul Maître n'ouvrira sa Boutique pour travailler le jour du Dimanche, ni de Fête annuelle, ni de Fête de Nôtre-Dame, sur peine de vingt sols parisis d'amande a la Confrairie, & dix sols au Roy, si ce n'est en cas de nécessité : Enjoint aux Gardes du Métier d'y avoir l'œil.

XV.

Que nul Maître n'employera ni achetera Fers balles, sur peine de six livres parisis d'amande, & de confiscation, avec injonction ausdits Jurés & Gardes d'y avoir l'œil, & en faire leur rapport pardevant le Procureur du Roy, & seront les Fers achetés, visités par les Jurés, & par eux marqués d'une marque.

XVI.

Que tous les Maîtres Maréchaux qui ferrent les Trains de Carrosses, Chariots, Charettes & autres attiraches, ne pourront arrêter de prix

defdits Trains à aucuns Charons, fi ce n'eft du
confentement des Seigneurs, Gentilshommes &
Bourgeois, & mettront aux ferrures toutes pieces
neuves, & non vieilles renoircies, comme il fe
fait par les Charrons, à caufe du bon marché, qui
eft caufe que le public n'eft pas bien fervy ; & eft
enjoint aufdits Maîtres de faire forger les Clouds
en leurs Boutiques, de bon Fer & bien forgé,
fur peine de fix livres parifis d'amande, applicable
comme deffus.

XVII.

Que tous Maîtres demeurans en cette Ville &
Fauxbourgs de Paris, ne pourront faire faire aux
Champs aucuns Fers de Chevaux, ni Bandes,
ni Clouds de Caroffes, ni d'autres ouvrages,
mais les feront faire de dans la Ville & Fauxbourgs,
de Maître à Maître, pour occuper ceux qui n'ont
guerre dè befogne, qui êtant employés feront de
bons ouvrages, fur peine aux contrevenans de
fix livres parifis d'amande.

XVIII.

Nul Charon ne pourra marchander les ferrures
des Trains de Caroffes, Chariots & autres atti-
rages, attendu qu'il ne peut fournir des ferrures
bonnes & valables pour le prix qu'ils en payent,
pour la furvente qu'ils en font, fur peine de fix
livres parifis d'amande, applicable comme deffus.

XIX.

Inhibitions & deffenfes feront faites à tous Charons, de mettre ou attacher aucune piéce de Fer
aufdits Trains, fur les mêmes peines que deffus ;

d'autant que c'eſt entreprendre ſur l'état du Maréchal.

XX.

Item, Aux ſeuls Maréchaux appartient de viſiter, évaluer, priſer & eſtimer les Chevaux & bêtes Chevalines, & non à autres, & pourront les faire vendre & acheter, en prenant de gré à gré ce qui leur ſera donné par les vendeurs & acheteurs, ſans que les Courtiers ni autres les y puiſſent troubler, & ce ſuivant l'Arrêt du Conſeil du Roy, du 17. Mars 1604. donné entre les Maréchaux & leſdits Courtiers.

XXI.

Et pour obvier aux abus qui ſe commettent en la vente & trafic du Cloud à ferrer, que l'on amene en cette Ville de Paris, ne pourront les Maréchaux, Marchands ni autres, aller au devant des Forains; mais les laiſſeront arriver & expoſer en vente par trois jours, afin que les Jurés & Gardes les puiſſent viſiter, enſemble les Clouds & Bandes à Roües, pour voir ſi la Marchandiſe eſt bonne & loyale, pour puis après être venduë, ſur peine de trois livres pariſis d'amande applicable comme deſſus.

XXII.

Pourront les Jurés & Gardes dudit Métier, aſſiſté d'un Commiſſaire, comme dénonciateurs, & avec permiſſion du Procureur du Roy, aller en viſitation aux Boutiques des Cloûtiers de cette Ville & Fauxbourgs de Paris, pour luy faire le rapport de la mal façon qu'ils auront trouvée.

eſdits

eſdits Clouds; lequel les condamnera en telle amande qu'il verra bon être.

XXIII.

Et pour obvier aux débauches que font les Serviteurs quand ils vont forger les uns contre les autres, pour gagner un Fer d'argent de petite valeur, & lequel ils font porter au Chapeau de l'un d'eux, pour commencer la débauche, qui continuë le plus ſouvent une ſemaine entiere : Il eſt enjoint aux Jurés d'y prendre garde, & de mener avec eux un Commiſſaire pour les mener priſonniers, & confiſquer ledit Fer d'argent, & l'argent qu'ils contribuent à ce faire, & condamner les Maîtres de la Boutique où ils ſeront trouvés, à payer deux Eſcus d'amande, moitié au Roy, & l'autre moitié à la Confrairie, lequel Fer d'argent, enſemble l'argent qu'ils contribuent à faire leur débauche, ſera aumôné aux Pauvres Priſonniers du Châtelet.

XXIV.

Et pour empecher les abus que pourroient commettre les Maîtres, s'ils vouloient porter faveur à quelqu'un quand il ſe paſſe Maître par Chef-d'œuvre, les Jurés & Gardes dudit Métier y prendront garde pour leur faire faire le Chef-d'œuvre, ſans rien enfraindre en la maniere accoûtumée.

XXV.

Que leſdits Jurés allant en viſitation & trouvant de la mal façon tant en la Ville que Fauxbourgs, ne porteront faveur aux uns plus qu'aux autres,

C

ainsi en feront sur le champ leurs rapports au Procureur du Roy, comme ils ont accoûtumé; sur peine d'en répondre en leurs privés noms.

XXVI.

Pourront les Jurez & Gardes dudit Métier aller en visitation en tous les Fauxbourgs & Banlieuë de Paris, comme Saint Jacques, Saint Marcel, Saint Germain des Prés, & tous autres, en prenant un Huissier ou Sergent du lieu, si besoin est, & faire les rapports des prises pardevant les Juges qu'il appartiendra, suivant leurs Commissions.

XXVII.

Que de mois en mois, ou plus souvent s'il en est de besoin, ils iront en visitation & prendront avec eux un Commissaire, Huissier ou Sergent si Métier est, pour faire Procès verbal de ce qu'ils trouveront de défectueux, & faire les saisies necessaires pour le bien public, le tout sans fraude, sur peine d'en répondre en leurs propres & privés noms.

XXVIII.

Et pour garder les Ordonnances des susdits, feront créés, commis & institués par élection des Maîtres de la Communauté dudit Métier, à la pluralité des voix, pour ce assemblez pardevant le Procureur du Roy au Châtelet de Paris, quatre Prud'hommes qui auront été deux ans auparavant Maîtres de la Confrairie Monsieur Saint Eloy, lesquels auront la visitation de tous les Ouvrages qui se feront en ladite Ville, Faux-

bourgs & Banlicuë de Paris, aprés toutefois ferment fait pardevant luy, de bien & fidellement
rapporter les fautes & malverfations qu'ils trouveront audit Art, ainfi qu'il eft accoûtumé, pour
y être par luy pourvû : Laquelle élection fe fera
par chacun an, de deux nouveaux Jurez, à fçavoir d'un Ancien & un Jeune, afin qu'il en demeure deux des premiers élû pour mieux con-
noître & faire entretenir lefdites Ordonnances.

VEU par Nous Nicolas le Jay, Confeiller
du Roy & fon Procureur au Châtelet de
Paris, les anciennes Ordonnances des Maré-
chaux de la Ville, Prevôté & Vicomté de Paris,
avec les Articles cy-deffus tranfcrits, à Nous par
eux préfentés, & euffions fait venir devant Nous,
Jacques Cocquin, Claude Hebert, Martin Rou-
tier, Philipes Picault, René Robillard, Girard
Trefneau, Pierre Boucher, Antoine Lheureux,
Marin Nouin, Loüis Dolbec, Pierre Goubil,
Denis Lemoyne, Claude Coqueret, Nicolas
Beaugrand, Gabriel Bertault, Pierre Dolbec,
Gilles Poulin, Claude Houdard, Pierre Pavie,
Denis Huré, Jean de Beaugis, Pafquier Beau-
coufin, Robert Lhermeffin, Charles Ancel,
Claude Danet, François Jacob, François Aupoux
& Fiacre Viclot, tous Févres & Maréchaux fai-
fans & repréfentans la plus grande & faine partie
des Maître Févres & Maréchaux de cette Ville
de Paris, en la préfence de tous lefquels, Avons
fait faire lecture de mot à mot defdits Articles,

qu'ils requierent être ajoûtés & incorporés avec les anciennes Ordonnances : Et aprés serment pris d'eux & interrogés s'ils vouloient le contenu en icelles, tenir & observer : Tous d'un commun accord & consentement, ont dit & affirmé le contenu esdits Articles, être utile & nécessaire pour le bien, utilité & entretenement dudit Métier des Févres & Maréchaux, s'obligeans pour tout le Cops desdits Févres & Maréchaux, iceux observer & garder inviolablement avec les anciennes Ordonnances pour le bien de la chose publique : Ouy laquelle déclaration & affirmation, & après avoir bien & meurement consideré lesdits Articles, & iceux trouvés conformes aux anciennes Ordonnances : Nôtre Avis est qu'ils peuvent être sous le bon plaisir du Roy & de Monseigneur le Chancellier, ajoûtés ausdites anciennes Ordonnances, pour le contenu en iceux être observés & gardés par les Maîtres Jurez & autres Maîtres dudit Métier de Févres & Maréchaux en cette Ville de Paris, sans qu'il y soit contrevenu. Fait le 11. Mars 1609. Signé, LEJAY.

HENRY par la Grace de Dieu Roy de France & de Navarre ; à tous présens & avenir : SALUT. Nos chers & bien amés les Maîtres Févres & Maréchaux de nôtre bonne Ville de Paris, Nous ont trés-humblement remontré que de tout tems & ancienneté, pour remédier aux abus & malversations qui se com-

mettoient en leur Métier, il auroit été de leur
confentement général, fait plufieurs acceffaires,
Ordonnances régiftrées en nôtre Châtelet de
Paris, pour être obfervées & gardées; mais
d'autant qu'à l'occafion de la diftance des tems,
& de la mutation furvenuë en toutes chofes par
la corruption, lefdites anciennes Ordonnances
ne fe trouvent fuffifantes pour retenir les Ouvriers de leur Métier, en leur devoir; ils auroient
par de nouveaux Articles cy-attachés avec les anciens, veus & approuvés par nôtre Procureur
audit Châtelet, Juge ordinaire des Métiers de
nôtredite Ville, augmenté la rigueur de leurs
anciennes Ordonnances, tant par nouveaux Articles & Statuts, que par augmentation de peine;
même icelle peine ajoûtée aufdites Ordonnances,
pareilles à celles qui font dans leurfdits nouveaux
Articles, lefquels nouveaux Articles, & augmentation de peines aux anciennes, ils Nous ont trés-
humblement fupplié leur vouloir agréer, ratifier
& approuver, afin que dorefnavant la crainte de
l'amande leur fîffe plus étroitement obferver &
garder : Sçavoir faifons, que Nous inclinant à
leur fupplication, aprés avoir fait voir en nôtredit Confeil, lefdits anciens Articles, corrigés en
l'augmentation des peines, enfemble les nouveaux par eux ajoûtés avec l'avis de nôtre Procureur audit Châtelet, le tout cy-attaché fous
nôtre contre-fcel, comme dit eft. Avons tous
& chacunes lefdites Ordonnances & Statuts, tant
anciens que nouveaux, confirmés, approuvés

& agréés; & par les préfentes, confirmons, approuvons & agréons : Voulons & Nous .plaît qu'ils foient dorefnavant obfervés & gardés de point en point, felon leur forme & teneur, pour en jouir par les impétrans & leurs fucceffeurs audit Métier, pleinement & paifiblement fans qu'il y foit contrevenu. Si Donnons en mandement à nos amés & féaux Confeillers, les Gens tenans nôtre Cour de Parlement à Paris, Prevôt de Paris ou fes Lieutenans, Que de nos préfentes Lettres de confirmation, des Statuts & Ordonnances, ils faffent, fouffrent & laiffent jouir lefdits Supplians, pleinement & paifiblement, fans fouffrir qu'il y foit contrevenu, nonobftant oppofitions ou appellations quelconques : Car tel eft nôtre plaifir; & afin que ce foit chofe ferme & ftable à toûjours, Nous avons fait mettre nôtre Scel à ces préfentes. Données à Paris au mois de Mars 1609. & de nôtre regne le vingtiéme. *Ainfi figné fur le reply*, Par le Roy en fon Confeil, DE MONTSIRE, *avec un paraphe. Et à côté eft écrit* Contentor *Vifa. Signé* DE MONTSIRE, *avec un paraphe. Plus y eft écrit*, Ces préfentes avec les anciens Articles & augmentation d'iceux, enfemble l'Arrêt de la Cour, & Sentence d'enterinement, ont été régiftrés au neuviéme Volume des Bannieres, Regiftre ordinaire du Châtelet de Paris, fuivant & conformément à ladite Sentence d'enterinement, pour y avoir recours quand befoin fera. Fait & regiftré audit Châtelet, le Vendredy cinquiéme Juin 1609. Signé, REMY.

EXTRAIT DES REGISTRES
de Parlement.

VEU par la Cour les Lettres Patentes du mois de Mars dernier, signées par le Roy, de Montsire, & scellées de Cire verte, par lesquelles inclinant à la supplication des Maîtres Févres & Maréchaux de Paris, leur confirmer les Articles & Statuts attachés, qui ordonnent être entretenus ; Requête par eux présentée à ladite Cour, afin d'enterinement desdites Lettres, Conclusions du Procureur Général du Roy. Tout consideré, ladite Cour a ordonné & ordonne que sur l'entérinement desdites Lettres, les impétrans se pourvoiront pardevant le Prevôt de Paris, ou son Lieutenant, pour en ordonner ce qu'il verra bon être à faire. Fait en Parlement le cinquiéme jour de May 1609. Signé, VOISIN.

A TOUS ceux qui ces présentes Lettres verront, Jacques Daumont, Chevalier, Baron de Chape, Seigneur de Dun, le Palto & Cors, Conseiller du Roy, Gentilhomme ordinaire de sa Chambre, & Garde de la Prevôté de Paris ; SALUT. Sçavoir faisons, que vû les Lettres Patentes du Roy, données au mois de Mars 1609. dernier, signées par le Roy, de Montsire, & scellées de Cire verte, par lesquelles Sa Majesté inclinant à la supplication des Maîtres

Févres-Maréchaux de cette Ville de Paris, leur auroit été confirmés les Articles & Statuts attachés auſdites Lettres, pour être entretenus, gardés & obſervés, l'Arrêt de la Cour de Parlement, ſur ce intervenu le cinquiéme jour du préſent mois de May, ſigné V O I S I N, par lequel ladite Cour a ordonné que ſur l'entérinement deſdites Lettres, les impétrans ſe pourvoiront pardevant Nous, pour ordonner ce que verront être à faire, la Requête à Nous par eux préſentée, tendante afin de leur enterinement, leſdites Lettres communiquées de nôtre Ordonnance, au Procureur du Roy, au Châtelet de Paris : Et ouy ſur ce ledit Procureur du Roy, Avons de ſon conſentement enteriné & enterinons leſdites Lettres, auſdits impétrans, pour joüir par eux de l'effet & contenu d'icelles, ſelon leur forme & teneur ; leſquelles Lettres, Articles & Statuts, ſeront régiſtrés ès Regiſtres des Bannieres dudit Châtelet de Paris, pour y avoir recours quand beſoin ſera : En témoin dequoy Nous avons fait mettre à ces préſentes le ſcel de la Prévôté de Paris : Ce fut fait par Noble homme Antoine Ferrand, Conſeiller du Roy, & Lieutenant Particulier de ladite Prevôté & Vicomté de Paris, le Mardy 12. May 1609. *Ainſi Signé*, Bodeſſon & Droüart, *& à côté*, enterinement des Lettres.

Collation de la préſente copie a été faite à ſes originaux étans en Parchemin, par Nous Notaires & Gardenottes du Roy nôtre Sire, en ſon Châtelet de.

de Paris, sous-signés. Ce fait, rendu ce seiziéme jour de Juin aprés midy 1609. Signé, MURET & LE ROUX, *avec paraphes.*

EXTRAIT DES REGISTRES
du Conseil Privé du Roy.

SUR la Requête présentée au Roy en son Conseil par les Jurez, Anciens, Bacheliers & Maîtres Févres-Maréchaux de la Ville, Fauxbourgs & banlieuë de Paris : Contenant qu'encore que les Rois prédecesseurs de Sa Majesté, par un effet de leur liberalité toute particuliere, ayent perpetuellement concedé des Lettres de Maîtrises des Arts & Métiers de ladite Ville en faveur de leur mariage, des naissances heureuses des Enfans de France, & par la considération de plusieurs autres rencontres très-puissantes, dans la prévoyance toutefois des inconveniens notables que cette grace pourroit insensiblement produire par la suite des années, y ont apporté des moyens capables d'en corriger l'excés, si bien que les Médecins, Chirurgiens, Espiciers, Apotiquaires, Monoyers, Pelletiers Bonnetiers & Escrivains en ont été judicieusement exempts ; & le feu Roy, de glorieuse mémoire, instruit des abus que l'ignorance de ceux que l'on admet en l'éxercice d'un Art ou Métier, sans leur en faire subir les Ordonnances, cause trop fréquemment l'interdit : Aussi

D

à l'égard des Fourbisseurs, Garnisseurs d'Epées & Bâtons en fait d'Armes, par sa Déclaration du mois d'Aoust 1638. verifiée au Parlement de Paris le 31. dudit mois, & enregistrée au Châtelet dudit lieu le 20. Septembre en suivant : de-sorte que comme l'Art & Métier des Supplians est de très-grande conséquence au public, que son objet en est d'autant plus noble, qui est ab-solument utile à qui la longue expérience en peut seule faire découvrir la connoissance cer-taine, parce que les cures des maladies des Che-vaux, que les Naturalistes ont mis dans le rang des plus nobles Animaux de la Terre, appro-chant en plusieurs façons de celles du corps hu-main, par l'application des saignées, médecines, unguents, fomentations & autres remedes dont les propriétés dépendent entierement des lu-mieres des herbes simples, même qu'ils sont journellement employés dans les operations de la main pour les dislocations des membres, que les efforts ou la pésanteur des fardeaux font or-dinairement ausdits Chevaux, qui meurent que trop souvent si lesdits Supplians ne se rendent habilles dans les sciences nécessaires audit Art. Requeroient qu'il plût à Sa Majesté ordonner, qu'à l'exemple des Médecins, Chirurgiens, Es-piciers, Apotiquaires, Pelletiers, Bonnetiers, Monnoyers, Ecrivains, Fourbisseurs & Garnis-seurs d'Epées de ladite Ville de Paris, les Edits & Lettres de Maîtrises octroyés & à octroyer en leur faveur, pour quelque cause ou occasion que ce foit, n'auront lieu contre leur Communauté, & n'en feront dorefnavant expedié aucunes par le Chancelier & Garde des Sceaux de France : Ce faifant, l'excepter de l'éxecution des Edits faits & à faire par Sa Majefté & les Rois fucceffeurs pour la création des Maîtrifes en ce Royaume, fur quelque fujet que ce puiffe être, Ordonner que fuivant les Statuts dudit Art & Métièr, perfonne ne pourra y être admis qu'en faifant apprentiffage, Chef-d'œuvre & expériance, ceffant & révoquant dès à préfent toutes Lettres qui pourroient avoir été expediées au contraire, avec deffenfes à tous Juges & Officiers d'y avoir égard, & que toutes Patentes, Actes & Expéditions fur ce néceffaires, en feront délivrés en faveur des Supplians : Enjoindre au Parlement, Prevôt de Paris ou fon Lieutenant Civil & autres, de les faire enregiftrer où il appartiendra, garder & obferver inviolablement, & du contenu en icelles faire joüir paifiblement lefdits Jurez, Anciens, Bacheliers & Maîtres Févres Maréchaux : Faifant ceffer tous troubles & empêchemens, nonobftant oppefitions ou appellations quelconques, & Ordonnances au contraire, aufquelles pour ce fera dérogé. Veu ladite Requête fignée Haranger Avocar au Confeil, & Fontaine & Nepveux, Statuts, Ordonnances pour les Marchands Efpiciers & Marchands Appoticaires Efpiciers de la Ville, Fauxbourgs & Banlieuë de Paris, Extrait imprimé des Ordonnances des Maréchaux de Paris, & Extrait d'un

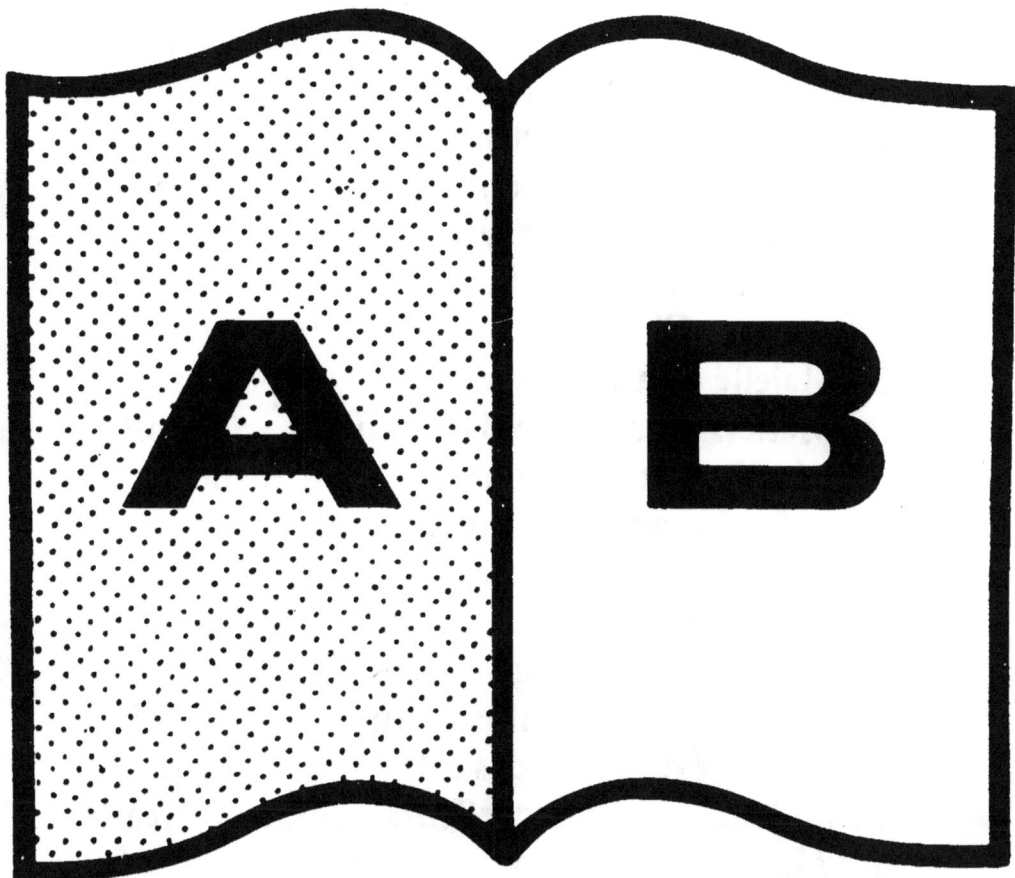

Contraste insuffisant

NF Z 43-120-14

Livre étant en la Chambre du Procureur du Roy
au Châtelet de Paris, publiées & enregiſtrées
au Châtelet de Paris, le 22. Novembre 1473.
Articles ajoûtés auſdites Ordonnances du 11.
Mars 1609. vérifiés & enrégiſtrés, tant au Parlement qu'au Châtelet de Paris, les 5. & 12.
May 1609. avec Lettres Patentes du Roy Henry
IIII. ſur le fait des Ordonnances deſdits Maréchaux, des mois de Mars 1609. vérifiées & enrégiſtrées au Châtelet. Lettres de Déclaration de
Sa Majeſté, du mois d'Acût 1638. par leſquelles
les Métiers & Arts de Fourbiſſeurs, Garniſſeurs
d'Epées & autres Bâtons en Fait d'Armes, qu'en
ceux des Monoyers, ſont tout ainſi que les Pelletiers, Bonnetiers, Ecrivains & Tireurs, déclarés
exempts des Lettres de Maîtres concédées en faveur tant de mariage, naiſſnce d'enfans de
France, entrées de Ville & autres cauſes, & re-
ſervés de l'éxecution des Edits faits & à faire par
Sa Majeſté, & ſes ſucceſſeurs, pour la création
des Maîtriſes en ce Royaume, pour quelque ſujet
que ce puiſſe être aux clauſes & conditions contenues & portées par leſdites Lettres vérifiées &
enrégiſtrées au Parlement, le 31. Août 1648. &
publiées au Châtelet, le 20. Septembre audit an.
Ouy le rapport du ſieur Lhuillier Dorgeval ; &
tout conſideré, le Roy en ſon Conſeil a renvoyé
& renvoye ladite Requête au Lieutenant Civil,
pour donner Avis à Sa Majeſté, du contenu en
icelle, pour ce fait être ordonné ce que de raiſon :
Fait au Conſeil privé du Roy, tenu à Paris le 13.

Août 16+9. *Signé par collation*, CARRE', *avec paraphe.*

VEU par Nous Dreux Daubray, Seigneur
d'Offemont, Villiers & autres lieux, Con-
seiller du Roy en ses Conseils, Lieutenant Civil
de la Prevôté & Vicomté de Paris; Et Charles
Bonneau aussi Conseiller du Roy en ses Conseils,
& Procureur de Sa Majesté audit Châtelet, les
Statuts & Ordonnances des Maîtres Févres-Maré-
chaux de cette Ville & Banlieuë de Paris, la
Requête par eux présentée au Roy & à Nosseig-
neurs de son Conseil, contenant qu'il plût à Sa
Majesté ordonner qu'à l'exemple des Médecins &
Chirurgiens, Epiciers, Apotiquaires, Pelletiers,
Bonnetiers, Monoyers, Ecrivains, Fourbisseurs
& Garnisseurs d'Epées de cette Ville de Paris, les
Edits & Lettres de Maîtrises octroyées & à oc-
troyer en faveur & pour quelques causes ou oc-
casions que ce soit, n'auront lieu contre leur
Communauté, & n'en seront dorenavant espé-
diées aucunes par Nosseigneurs les Chancelliers
& Gardes des Sceaux de France; ce faisant ex-
cepter leur dite Communauté de l'éxecution des
Edits faits ou à faire par vôtre dite Majesté, &
les Roys vos successeurs, pour la création de
Maîtrises en ce Royaume, pour quelque sujet
que ce puisse être: Ordonner que suivant les
Statuts dudit Art & Métier, nul ne pourra y
être admis qu'en faisant apprentissage, chef-
d'œuvre & expérience. L'Arrêt du Conseil ob-

tenu fur ladite Requête, par lequel le Roy en
fon Confeil, a renvoyé & renvoye ladite Requête, pour donner Avis à Sadite Majefté du
contenu en icelle, pour ce fait être ordonné ce
que de raifon. Fait au Confeil privé du Roy,
tenu à Paris le treiziéme du préfent mois. *Signé*,
CARRÉ. Copie des Lettres Patentes obtenues
par lefdits Maîtres Fourbiffeurs & Garniffeurs
d'Epées, & la préfente Requête. NOSTRE
AVIS eft fous le bon plaifir du Roy & de la
Reyne Régente fa mere, que leurs Majeftés peut
excepter des Edits à faire à l'avenir, pour la création des Lettres de Maîtrifes, la Communauté
des Maîtres Févres Maréchaux de cette Ville &
Banlieuë de Paris, y ayant beaucoup d'inconveniens qui peuvent arriver, & qui arrivent journellement par la faute des particuliers pourveus
des Lettres de Maîtrifes, n'ayant pas toute la
connoiffance qu'il eft néceffaire d'avoir dans ledit
Métier, tant pour la ferrure des Chevaux que
pour la guérifon des maladies qui leur furvien-
nent, deforte qu'il eft expédient pour l'interêt
public, que nul ne foit reçû dans ladite Communauté, foient Compagnons ou Apprentifs,
qu'il n'ait fait Apprentiffages, Chef-d'œuvre,
efpérience, & certifié par les Jurez en Charge
de fa capacité, pour remédier aux accidens cy-
deffus. *Signé* BONNEAU, &c.

LOUIS, par la grace de Dieu, Roy de France & de Navarre : A tous préfens & à venir. Salut, l'expérience a fait reconnoître aux Rois nos prédeceffeurs, que la facilité des Lettres de Maîtrifes concédées en faveur de Mariage, naiffance d'Enfans de France, Entrées de nos Villes, Retours des Couronnemens, & pour autres caufes de femblable conféquence, produifoit infenfiblement une fuite d'abus qu'ils n'avoient pû prévenir dès fon commencement, & que comme ils en ont heureufement arrêté le cours au profit des Médecins, Chirurgiens, Epiciers, Appoticaires, Monnoyers, Pelletiers, Bonnetiers, Ecrivains, Tireurs d'Armes, Fourbiffeurs, Garniffeurs & Enrichiffeurs d'Epées, leurs peuples en ont été plus feurement fecourus en leurs néceffités, le négoce en eft devenu plus floriffant, les jeunes gens en ont reçû des inftructions plus folides, & les fuccès des Armées en ont d'autant plus été favorables au détriment des ennemis de nôtre Eftat, puifque l'Art des Févres-Maréchaux de nôtre bonne Ville, Fauxbourgs & Banlicuë de Paris, eft tellement utile au public, même à nôtre fuite dans nos Armées, que foit par les adreffes des faignées, les difpofitions des Médecines, les préparations des Onguents, les applications des fomentations & des autres remédes dont les propriétés dépendent entiérement de la connoiffance des fimples, ou dans les opérations de la main pour les diflocations des membres, que les efforts, la péfanteur des fardeaux

& les coups à la guerre, caufent journellement aufdits Chevaux qui meurent trop fouvent fi lefdits Maîtres ne fe rendent habiles dans les fecrets dudit Art, NOUS avons réfolu à l'exemple des Rois nos prédeceffeurs, de rechercher & rencontrer les moyens capables de faire doucement fubfifter nos fujets dans la tranquilité des graces que nous leur avons témoigné dès nôtre Avenement à la Couronne ; & ayant égard à la Requête que lefdits Févres-Maréchaux nous ont préfentée en nôtre dit Confeil, à ce qu'il nous plaife leur accorder nos Lettres néceffaires pour dorénavant exempter leur Art defdites Lettres de Maîtrifes, Nous avons renvoyé ladite Requête à nôtre Lieutenant Civil, afin de nous donner fon avis fur les fins d'icelle, qu'il nous a renvoyé conjoinctement avec celuy de nôtre Procureur au Châtelet de Paris, tel que nous le pouvions défirer, pour avec plus grande connoiffance de caufe, concéder nofdites Lettres aufdits Jurez : Sçavoir faifons, que pour plus particulierement obliger lefdits Févres-Maréchaux en la fidelité de leurs opérations, fe rendre capables de nous fervir en nos Armées, & éviter les notables abus qui fe pourroient gliffer en la pratique de leur Art, s'il étoit permis de s'y faire admettre par autres voyes que celles judicieufement prefcrites par les Ordonnances des 22 Novembre 1473. & 11. Mars 1609. confirmées en même année par le feu Roy d'heureufe mémoire Henry IV. nôtre grand Pere : Après avoir fait voir en nôtredit Confeil,

lefdits

lefdits Statuts, l'Arrêt de nôtredit Confeil du 13.
Août 1409. portant renvoy pardevant nôtredit
Lieutenant Civil, & l'Avis de nôtredit Lieutenant Civil & de nôtre Procureur audit Châtelet,
du 22. én fuivant, le tout cy-attaché fous le
contre-fcel de nôtre Chancellerie, Avons de l'Avis
de la Reyne Régente nôtre trés-honorée Dame
& Mere, & de nôtredit Confeil, de nos grace
fpéciale, pleine puiffance & autorité Royale,
dit & ordonné, difons & ordonnons qu'à l'avenir nos Edits & Lettres de Maîtrifes octroyées en
faveur & pour quelque caufe & occafion que ce
foit, n'auront lieu ni effet pour ledit Art de
Févre-Maréchal, & n'en feroient expediées ni
délivrées aucunes par nos Chanceliers & Gardes
de nos Sceaux de France, ce que nous inter-
difons & deffendons. A cet effet avons ledit Art
excepté & réfervé de l'éxecution des Edits faits &
à faire par Nous & les Rois nos fucceffeurs, pour
la création des Maîtrifes en nôtre Royaume, fur
quelque fujet que ce puiffe être, ainfi qu'il a été
fait en faveur defdits Médecins, Chirurgiens,
Epiciers, Appoticaires, Monnoyers, Pelleticrs,
Bonnetiers, Tireurs d'Armes, Fourbiffeurs, Garniffeurs & Enrichiffeurs d'Epées de nôtredite Ville
de Paris: Voulons au contraire que fuivant lefdits
Statuts, perfonne ne foit admis audit Art, qu'en
faifant Apprentiffage, Chef-d'œuvre & expé-
riénce, caffant & révoquant dès-à-préfent comme
pour lors, toutes Lettres de Maîtrifes qui pourroient être expédiées par furprife ou autrement,

E

au préjudice des préfentes, & deffendons à tous
nos Juges & Officiers d'y avoir aucun égard. Si
donnons en mandement à nos amés & feaux Confeillers, les Gens tenans nôtre Cour de Parlement à Paris, nôtre Prevoft dudit lieu, ou Lieutenant Civil, & à tous nos autres Jufticiers &
Officiers qu'il appartiendra, que ces préfentes
ils ayent à faire enregiftrer, garder & obferver
inviolablement, & du contenu en icelles, joüir
& ufer lefdits Fevres-Marefchaux pleinement &
paifiblement, ceffant & faifant ceffer tous troubles
& empêchemens au contraire, & à ce faire con-
traindre & obéir tous ceux que befoin fera, nonobftant oppofitions ou appellations quelconques, Statuts, Privileges, Ordonnances & Lettres
au contraire, aufquelles & aux dérogatoires, ces
dérogatoires y contenues, Nous avons dérogé
& dérogeons par lefdites préfentes : Car tel eft
nôtre plaifir; & afin que ce foit chofe ferme &
ftable, Nous avons fait mettre nôtre Scel à ces
préfentes, données à Paris au mois d'Octobre l'an
de grace 1649. & de nôtre regné, le feptiéme.
Signé LOUIS, & fur le reply, Par le Roy, la
Reyne Régente fa mere, préfente, figné PHELIP-
PEAUX, avec paraphe, & fcellées en lacs de Soye
du grand Sceau de Cire verte; *A côté dudit reply*
eft écrit, Regiftré oüy le Procureur Général du
Roy, pour joüir par les Impétrans de l'effet &
contenu en icelles à l'avenir. A Paris au Parlement le 18. Décembre 1649. Signé GUYET,
avec paraphe, *& au bout dudit reply eft encore*
écrit, Vifa. *Signé*, SEGUIER.

EXTRAIT DES REGISTRES
de Parlement.

VEU par la Cour les Lettres Patentes données à Paris, au mois d'Octobre dernier,
fignées LOUIS, & fur le reply, Par le Roy,
la Reyne Régente fa mere, PHELIPPEAUX, &
fcellées fur lacs de Soye du grand Sceau de Cire
verte, obtenues par les Jurez, Anciens, Bacheliers & Maîtres Févres-Maréchaux de la Ville,
Fauxbourgs & Banlieuë de Paris, par lefquelles
& pour les caufes y contenuës, ledit Seigneur
après avoir fait voir en fon Confeil, les Statuts
& Ordonnances defdits Févres-Maréchaux, du
vingt-deuxiéme Novembre 1473. & onze Mars
1609. cofirmées audit an, par le feu Roy Henry
IV. d'heureufe mémoire, l'Arrêt de fon Confeil
du 13 Août dernier, fur la Requête à ce qu'à
l'inftar des Chirurgiens, Apotiquaires, Ecrivains,
Épiciers, Bonnetiers, Fourbiffeurs & Garniffeurs
d'Epées de ladite Ville de Paris, leur Communauté fut exceptée de l'éxecution des Edits de
création de Maîtrifes en ce Royaume, pour
quelque occafion que ce pût être, portant renvoy au Lieutenant Civil, pour donner Avis fur
ladite Requête, l'Avis dudit Lieutenant Civil &
du Subftitut au Châtelet de Paris, du vingtiéme
en fuivant, auroit de l'Avis de ladite Dame Reyne
Régente, dit & ordonné qu'à l'avenir fes Edits

& Lettres de Maîtrises octroyées en faveur de Mariage, Naissance d'Enfans de France, Entrées de Villes, Retours des Couronnemens, & pour autres causes & occasion que ce soit, n'auroient lieu ni effet pour ledit Art de Févre-Maréchal, & n'en feront expediées ni délivrées aucunes par ses Chanceliers & Gardes des Sceaux de France, ce qui leur auroit interdit & deffendu, & à cet effet auroit ledit Art excepté & reservé de l'éxécution des Edits faits & à faire par luy & les Rois ses successeurs, pour la création de Maîtrises en son Royaume, sur quelque sujet que ce puisse être, ainsi qu'il a été fait en faveur des Médecins, Chirurgiens, Epiciers, Appoticaires, Monnoyers, Pelletiers, Tireurs d'Armes, Maîtres Fourbisseurs, Garnisseurs & Enrichisseurs d'Epées de ladite Ville de Paris, Veut que suivant leurs Statuts, personne ne soit admis audit Art, qu'en faisant Apprentissage, Chef-d'œuvre & Experience, cassant & révoquant dès-à-présent comme pour lors, toutes Lettres de Maîtrises qui pourroient être expediées ou autrement, deffendant à tous Juges & Officiers d'y avoir aucun égard, ainsi que plus au long est porté par lesdites Lettres à la Cour adressantes. Veu aussi copies collationnées desdits Statuts, ledit Arrêt du Conseil dudit jour 13. Août dernier, portant ledit renvoy audit Lieutenant Civil, pour donner son Avis sur ladite Requête, ledit Avis dudit Lieutenant Civil & dudit Substitut audit Châtelet, du 13. dudit mois & an, portant entr'autres choses que lesdits

Févres-Maréchaux peuvent être exceptés des Edits à faire à l'avenir, pour la création de Lettres de Maîtrises, la Requête présentée par lesdits Jurez, Anciens, Bacheliers & autres Févres-Maréchaux, le 29 Novembre dernier, afin de vérification desdites Lettres. Conclusions du Procureur Général du Roy : Tout consideré, ladite Cour a ordonné & ordonne que lesdites Lettres seront registrées au Greffe d'icelle, pour jouir par les Impétrans à l'avenir de l'effet & contenu en icelles. Fait en Parlement le dix-huitiéme jour de Décembre 1649. Signé, par collation, GUYET, avec paraphe.

A Tous ceux qui ces présentes Lettres verront, Loüis Seguier, Chevalier Baron de Saint Brisson, Seigneur des Ruaux & de Saint Firmin, Conseiller du Roy, Gentilhomme ordinaire de sa Chambre, & Garde de la Prevôté de Paris. Salut ; sçavoir faisons, que Veu la Requête à Nous présentée par les Jurez & Févres-Maréchaux de cette Ville, Fauxbourgs & Banlieuë de Paris, expositive qu'ensuite de la Requête cy-devant par eux présentée au Roy, tendant à ce qu'étant dorénavant octroyé par Sa Majesté, des Lettres de Maîtrises de tous Arts & Métiers, soit en faveur de Mariage, Naissance d'Enfans ou autres cas, pour lesquels il en a été octroyé ; il plût à sadite Majesté excepter l'Art & Métier des Févres Maréchaux en cette Ville, Fauxbourgs & Banlieuë de Paris, à l'exemple des Fourbisseurs & Garnis-

feurs d'Epées, Maîtres en Fait-d'Armes, Monoyers, Pelletiers, Bonnetiers & Ecrivains : Veu
que ledit Art de Févre-Maréchal étant deftiné
pour l'entretien de la vie des Chevaux, néceffaire
à l'homme, eft de conféquence, d'empêcher que
des perfonnes incapables fuffent admis dans la
Maîtrife ; furquoy étant intervenu Arrêt du 13.
Août 1644. par lequel le Roy en fon Confeil,
Nous a renvoyé ladite Requête, pour donner
Avis à fadite Majefté, du contenu en icelle ; en-
fuite dequoy ayant donné nôtre Avis pour exempter ledit Art, Sa Majefté par Lettres Patentes
du mois d'Octobre, a ordonné que ledit Art &
Métier de Févre-Maréchal, feroit exempté des
Edits & Déclarations qui feroient cy-après faites
pour l'éxécution des Lettres de Maîtrifes des
Métiers, pour quelque caufe que ce foit, & que
dorénavant nul ne feroit reçû fans faire Apprentiffage ; & que fi aucunes fe trouvoient feroient
caffées & qu'au furplus lefdites Lettres à Nous
renvoyées pour être regiftrées, gardées & obfervées, & depuis auroient été vérifiées par Arrêt de la Cour du 28. Décembre dernier, & regiftrées au Greffe d'icelle ; & d'autant que la connoiffance particuliere Nous en appartient, ils
Nous requierent icelles Lettres être regiftrées en
nôtre Greffe, pour être exécutées felon leur
forme & teneur, fur laquelle Requête aurions
auparavant faire droit aux Expofans, ordonné
qu'elles feroient montrées au Procureur du Roy :
ce qu'ayant été fait, & après avoir par ledit Pro-

cureur du Roy, veu ledit Arrêt du 13. Août 1649. signé par collation CARRE', Nôtre Avis du 20. dudit mois, les Lettres patentes obtenuës par les Impétrans, Arrêt de la Cour portant l'enrégistrement desdites Lettres, le consentement dudit Procureur du Roy, par lequel il requiert lesdites Lettres être regiftrées ès Regiftres des Bannieres dudit Châtelet, pour être exécutées felon leur forme & teneur, & pour y avoir recours quand besoin fera : Et tout consideré, Ordonnons que lesdites Lettres Patentes feront regiftrées ès Regiftres des Bannieres dudit Châtelet, pour être exécutées felon leur forme & teneur, & y avoir recours quand besoin fera : En témoin de ce, Nous avons fait fceller ces préfentes; Ce fut fait & donné par Meffire Dreux Daubray, Conseiller du Roy en fes Confeils, Lieutenant Civil, le vingt-neuviéme Avril 1650. *signé*, DE COUR. avec paraphe.

A Tous ceux qui ces préfentes Lettres verront; Charles Denis de Bullion, Chevalier Marquis de Gallardon, Seigneur de Bonnelles, Bullion & autres lieux, Conseiller du Roy en fes Confeils, Prevôt de la Ville, Prevôté & Vicomté de Paris : Salut, fçavoir faifons, que veu la Requête préfentée par les Jurez, Anciens, Bacheliers & autres Maîtres de la Communauté des Maîtres Févres-Maréchaux de la Ville & Fauxbourgs de Paris, contenant que depuis l'établiffement de leur Communauté, & les Statuts qui leur ont été accordés pour régir icelle, dès l'année 1473. & 1609. leurdite Communauté s'étant beaucoup augmentée, il s'y est glissé plusieurs abus préjudiciables au public, & aux Maîtres en particulier. Pour remedier aufquels abus ils se font affemblés plusieurs fois pour déliberer fur les remédes les plus propres pour maintenir l'ordre & la discipline entre les Maîtres, leurs Apprentifs & Compagnons, & faire enforte que le public foit bien fervy; & pour cela ils ont fait dreffer les Articles qui fuivent, pour être ajoûtés aufdits Statuts.

ARTICLE PREMIER.

Que conformément à l'Article deux des anciens Statuts de l'an 1473. & premier des Articles ajoûtés en 1609. les expliquant & y ajoûtant, les Fils de Maîtres en chef-d'œuvre ne feront point obligez de travailler pour être admis à la Maîtrife, en payant néantmoins avant leur réception, fix livres pour le droit de Chapelle, & trente fols à chacun des Jurez feulement: mais qu'à l'égard des Garçons qui ayant époufé des Filles ou Veuves de Maîtres, fe préfenteront pour être admis à la Maîtrife, ils feront tenus de faire & achever leurs chef-d'œuvres en la maniére cy-après déclarée, & payeront dix livres pour le droit de Chapelle, deux cens livres à la Boëte pour fubvenir aux frais de ladite Communauté, fix livres à chacun des Jurez, quatre livres à chaque Ancien, trois livres à chacun des Modernes & Jeunes mandez au chef-d'œuvre, le tout fuivant la Sentence

tence de Police en forme de Réglement du 27.
May 1678. lesquels Modernes & Jeunes y assis-
teront au nombre de douze seulement, alternativement & chacun à leur tour, avec deffenses de
faire aucun festin ni beuvettes, à peine d'être
par l'Aspirant déchû de la Maîtrise, & par les
Jurez d'être destitués de la Jurande, & de telles
autres peines qu'il appartiendra.

II.

Que les Aspirans de quelque qualité qu'ils soient,
même ceux prétendant avoir obtenu Lettres de
Privileges, Sa Majesté y ayant expressément dérogé
en faveur de ladite Communauté, par Lettres
Patentes de l'an 1649. ne seront admis à la Maîtrise qu'en faisant le Chef-d'œuvre en la maniere
cy-après expliquée, & payeront douze livres pour
le droit de Chapelle, & deux cens livres à la Boëte
pour subvenir aux affaires de la Communauté,
& outre pareils droits aux Jurez, Anciens, Modernes & Jeunes, que ceux exprimés en l'Article
premier.

III.

Qu'outre qu'aucun Maître ne pourra être élû
Juré qu'il n'ait pendant douze ans tenu Boutique
ouverte, suivant l'Article sept des Statuts de 1609.
il sera tenu en entrant en charge, de payer cinquante livres pour être employés au service &
décoration de la Chapelle de saint Eloy, pour
l'entretien de laquelle, chaque Maître sera tenu
de payer quinze sols par chacun an pour droit
de Confrerie.

F

I V.

Les Maîtres Maréchaux Grossiers qui ne travaillent qu'à ferrer des Rouës & autres Ouvrages de pareille qualité, pourront être élû Jurez à leur tour, ainsi que les autres ; mais il ne pourra y en avoir qu'un au plus en même temps dans la Jurande, & il y aura toûjours au moins trois des Jurez travaillans à ferrer & penser les Chevaux, sans que les Grossiers puissent prétendre être élû Jurez sinon à leur tour, ny qu'il soit nécessaire qu'il y ait toûjours un Grossier dans la Jurande.

V.

Que les Maîtres dudit Métier changeant de Quartier & demeure, pourront tant pour se conserver leurs pratiques, que pour achever les Ouvrages commencés, & consommer les étoffes & provisions, tenir en même tems la Boutique qu'ils quittent, & celle de leur nouvelle demeure, ouvertes pendant six mois seulement, lequel tems passé, l'Article treize des Statuts de 1609. sera executé.

V I.

Que comme il n'appartient qu'aux seuls Maîtres Maréchaux de s'entremettre de ferrer, penser & médicamenter toutes sortes de Bêtes Chevalines, deffenses seront faites à toutes personnes de l'entreprendre & d'éxiger aucuns salaires sous prétexte de pensemens, à peine de cinquante livres d'amande pour la premiere fois, & cent livres pour la seconde, applicable moitié à la Boëte & Bource commune de ladite Communauté, Pers mis aux Jurez d'en faire la recherche & de se faire assister d'un Commissaire pour saisir les outils & drogues des contrevenans.

VII.

Que deffenses seront faites à tous Loüeurs de Carosses, Voituriers, Maîtres des Coches & Carrosses, Messagers, Roulliers & Charons de tenir aucunes Forges en leurs maisons, & de se servir de Garçons Maréchaux serrans, ou Grossiers, d'employer ou faire employer aucuns Fers que par les Maîtres Maréchaux, à peine de 500 livres d'amande applicable moitié à la Boëte de ladite Communauté : Et pourront les Jurez aller en visite chez les Maîtres Charons, conformément aux anciens Statuts, Jugemens & Arrêts sur ce intervenus, toutefois & quantes que bon leur semblera.

VIII.

Que deffenses seront faites à tous Maîtres d'acheter des Fers, Bandes, Clouds à Roües, & autres marchandises de balles, dont l'usage leur a été cy-devant interdit par les Articles 15. & 17. des Statuts de 1609. à peine de confiscation & d'amande; que deffenses seront faites à tous Maîtres d'acheter des Forains, des Clouds à ferrer qu'ils n'ayent été exposés en vente pendant trois jours, & visités par les Jurez, conformément à l'Article 20. des Statuts de 1609. à peine de confiscation, & de 30 livres d'amande applicable, moitié à la Boëte de ladite Communauté, avec pareilles deffenses à eux d'aller au devant des Forains, fous les mêmes peines.

IX.

Qu'attendu les rifques aufquels font expofés les Maîtres Maréchaux, en ferrant ou penfant les Chevaux vicieux, ils feront déchargés des demandes qui leur pourroient être faites, lorfque par malignité, effort & violence, quelques Chevaux s'eftropiroient ou fe tuëroient à leurs Boutiques ou dans leurs Travaux, foit par les fiévres ou autres maux qui leur pourroient caufer les fougues & les efforts dans les operations, ou contraintes & garottemens, dont lefdits Maîtres font obligés d'ufer, tant pour leur propre falut, que pour la guerifon des Chevaux, même s'il arrivoit que par accident quelque Cheval attaché à leur Travail & Boutique, bleffat quelqu'un, le Maître de ladite Boutique & travail, ne pourra être inquieté ny recherché pour raifon de ce, pourvû que ledit Cheval foit attaché & n'ait que deux pieds de longueur de licol, le tout conformément aux anciens Statuts.

X.

Qu'afin que le public foit mieux fervy, & pour empêcher que des ignorans ou peu expérimentés ne foient reçû Maîtres par brigue & par faveur, tout Afpirant au Chef-d'œuvre fera obligé de forger les Fers, de ferrer un Cheval des quatre pieds, barrer la Veine, mettre le feu à un ou deux Chevaux, aux endroits où il fera néceffaire; & afin que lefdites experiences qui demandent de l'application & de l'exactitude, puiffent être

faites avec quietude & fans confufion, ce qui
étoit empêché par l'amas de la populace impor-
tune, lorfque femblables opérations fe faifoient
dans la ruë, ou au devant de la Boutique de l'un
des Jurez, qu'il fera permis d'acheter ou loüer,
aux dépens de ladite Communauté, un lieu en
cette Ville où il fera bâty une Forge & dreffé un
Travail, lequel fera deftiné pour faire lefdites
experiences, & où les Jurez & Maîtres s'affem-
bleront pour y proceder & déliberer fur la réception des Afpirans

XI.

Que les Jurez pourront fe tranfporter chez les
Maîtres Clouttiers, pour vifiter les Clouds de
Roüës, de Bandes & à Cheval, & procéder par
faifie s'ils fe trouvent deffectueux & de nulle valeur, & pourvû fur icelle ainfi qu'il appartiendra, & les Maîtres qui les auront fait fabriquer,
condamnés en l'amande de douze livres, fans
que les Jurez puiffent exiger aucuns deniers pour
leur droit de vifite.

XII.

Que conformément à l'Article cinq des anciens
Statuts, & troifiéme de ceux augmentés en 1609.
& ajoûtant à leur difpofition, aucuns Garçons
ne pourront quitter leurs Maîtres que le mois
ne foit expiré, & qu'ils ne les ayent avertis quinzaine auparavant. S'ils font plufieurs ne pourront
demander tous à la fois leur congé, mais l'un
après l'autre, & de quinzaine en quinzaine, en
avertiffant comme dit eft leur Maître, afin qu'ils

s'en pûffent pourvoir d'autres pour le fervice du public, à peine de perte de ce qui pouroit leur être dû, & de dix livres d'amande. Deffenfes à tous Maîtres de les recevoir en leurs Boutiques qu'ils ne leur apparoiffent un Congé du Maître qu'ils quitteront, à peine de cinquante livres d'amande applicable moitié à la Boëte de ladite Communauté. Pourront neantmoins lefdits Garçons, fi leurs Maîtres leur refufoient leur Congé au cas cy-deffus, s'adreffer aux Jurez qui leur en donneront un en connoiffance de caufe, au refus du Maître.

XIII.

Que pour le fervice du public l'un des Garçons alternativement après avoir ouy la Meffe le matin, fera tenu de garder la Boutique les Fêtes & Dimanches, depuis le matin jufques au foir, à peine d'être privé de travail en cette Ville, pendant un mois.

XIV.

Que tous Garçons feront tenus de fe retirer Fêtes & Dimanches chez leurs Maîtres, à huit heures du foir au plus tard, à peine de privation d'un jour de leur rétribution : Et que ceux qui fe retireront pris de vin, jureront & blafphêmeront d'injures ou autrement leurs Maîtres & Maîtreffes, feront dénoncés au Commiffaire du Quartier, lequel fur leur plainte, les pourra faire conftituer prifonniers, afin qu'il en foit fait Juftice : Et deffenfes aufdits Garçons & Compagnons de s'attrouper & faire des brigues entr'eux, à peine de punition corporelle.

XV.

Que tous les Anciens Maîtres, douze des Modernes & huit des jeunes, seront mandés aux Elections des Jurez & autres Assemblées de la Communauté, dans lesquelles chacun sera tenu de se comporter modestement, à peine d'exclusion à l'avenir d'y pouvoir être appellé.

XVI.

Que tous Maîtres reçûs pour la Ville de Paris, pourront s'establir & tenir Boutique en telles autres Villes du Royaume que bon leur semblera, en faisant apparoir de leurs Lettres de Maistrises seulement.

XVII.

Aucun Maître Maréchal ou Veuves de Maître, ne pourra prester son nom directement ny indirectement à qui que ce soit, pour travailler dudit Métier, à peine de confiscation des ustancils ou outils qui se trouveront dans la Boutique, & de trois cent livres d'amande.

XVIII.

Que l'augmentation considerable du nombre des Equipages, rendant les Maîtres Maréchaux hécessaires dans tous les Quartiers de la Ville, pour la commodité publique, il sera permis aux Maîtres d'establir en telle ruë & Quartier que bon leur semblera, sans qu'on puisse les obliger de déloger & d'en sortir, pourvû que la voye publique & les personnes de qualité n'en souffrent point une trop grande incommodité : Et comme lesdits Articles ne peuvent avoir d'éxecution que par nôtre au-

torité , requeroient qu'il Nous plût ordonner que
lefdits dix-huit Articles des Statuts feront hômo-
logués & regiftrés en nôtre Greffe, pour être exécutés felon leur forme & teneur, ladite Requête
fignée MONY Procureur, au bas de laquelle eft
nôtre Ordonnance de Soit montré au Procureur
du Roy, du 16. du préfent mois : Et tout confideré, NOUS ayant égard à ladite Requête, &
faifant droit fur les Conclufions du Procureur du
Roy, étant au bas d'icelle, Difons avant faire
droit, que les Supplians fe pourvoiront par devers
le Roy, pour obtenir des Lettres Patentes con-
firmatives defdits Statûts, s'il plaît à Sa Majefté
de les leur accorder : En témoin dequoy Nous
avons fait fceller ces préfentes. Ce fut fait & ordonné par Meffire Gabriel Nicolas de la Reynie,
Confeiller d'Etat ordinaire , Lieutenant Géneral
de Police de la Ville, Prevôté & Vicomté de
Paris , le dix-feptiéme Septembre 1687. Signé,
par collation pour SAGOT, avec paraphe.

*Regiftré, ouy le Procureur Géneral du Roy,
pour être exécutés felon leur forme & teneur;
fuivant l'Arrêt de ce jour. A Paris en Parlement
le vingt-cinquiéme jour de Juin 1688. Signé,
JACQUES, avec paraphe.*

LOUIS,

LOUIS, par la grace de Dieu, Roy de France & de Navarre : A tous préfens & à venir. SALUT, Nos chers & bien amés les Jurez, Anciens, Bacheliers & autres Maîtres de la Communauté des Maîtres Févres-Maréchaux de nôtre bonne Ville & Fauxbourgs de Paris, Nous ont très-humblement fait remontrer que dès l'année 1473. leur Communauté a été reglée par des Statuts compofés de dix-huit Articles aufquels depuis ont été ajoûtés vingt-huit Articles de nouveaux Statuts confirmés par Lettres Patentes à eux accordées par le feu Roy Henry IV. de glorieufe mémoire nôtre Ayeul, du mois de Mars 1609. depuis lequel tems les dits Statuts n'ayant point été renouvellés ny confirmés, & leur Communauté, auffi-bien que toutes les autres, s'étant beaucoup augmentée, il s'y eft gliffé plufieurs abus préjudiciables au public & aux Maîtres en particulier : tous lefquels s'étant affemblés plufieurs fois pour délibérer fur les remédes les plus propres pour maintenir l'ordre & la difcipline entre les Maîtres, leurs Apprentis & Compagnons, & faire enforte que le public foit bien fervy par lefdits Maîtres, ils ont recüeilly le nombre de dix-huit Articles de nouveaux Statuts, qu'ils ont compofé de ce qui a été jugé par divers Arrêts & Sentences fur les conteftations particulieres qui fe font préfentées. Defquels nouveaux Statuts ayant demandé l'homologation pardevant le Sieur Lieutenant Général de Police, il a ordonné fur les Conclufions de nôtre Procureur au Châtelet, que les Expofans

G

se pourvoiroient pardevers Nous pour obtenir la
confirmation defdits nouveaux Statuts & Articles,
lefquels les Expofans Nous ont très-humblement
fait fupplier vouloir agréer, ratifier, approuver &
confi mer, afin qu'à l'avenir ils foient gardés &
obfervés felon leur forme & teneur: A CES
CAUSES, voulant favorablement traiter les
Expofans, & leur facilirer les moyens de pourvoir
aux abus & défordres qui peuvent être à leurdit
Métier & Communauté, Nous de l'Avis de nôtre
Confeil qui a vû lefdits anciens & nouveaux Statuts cy-attachés fous le contrefcel de nôtre Chancellerie, & de nôtre certaine fcience, grace fpéciale, pleine puiffance & autorité Royale, Nous
avons par ces Prefentes fignées de nôtre main,
lefdits anciens & nouveaux Statuts, loüés, agréés,
confirmés & approuvés, loüons, agréons, confirmons & approuvons, Voulons & nous plaît,
qu'ils foient à l'avenir gardés, obfervés & exécutés felon leur forme & teneur, pour joüir par
lefdits Maîtres & Communauté des Maréchaux,
de l'effet & contenu d'iceux, fans qu'il y foit contrevenu en quelque forte & maniere que ce foit,
directement ou indirectement, pourvû toutefois
qu'il n'y ait rien de contraire à nos Ordonnances,
Arrêts &. Réglemens. SI DONNONS en mandement à nos amés & feaux Confeillers les Gens
tenans nôtre Cour de Parlement de Paris, Prevôt
dud t lieu, ou fon Lieutenant Géneral de Police,
& tous autres Officiers qu'il appartiendra, que ces
Préfentes & lefdits Statuts ils faffent regiftrer, &

du contenu en iceux, joüir & uſer leſdits Expoſans, & ceux qui leur ſuccederont audit Métier, pleinement, paiſiblement & perpetuellement, ſans ſouffrir qu'il y ſoit contrevenu en quelque ſorte & maniere que ce ſoit, ſur les peines y portées. CAR tel eſt nôtre plaiſir ; & afin que ce ſoit choſe ferme & ſtable à toûjours, Nous avons fait mettre nôtre Scel à ceſdites Préſentes. Donné à Fontainebleau au mois d'Octobre l'an de grace 1687. & de nôtre regne le quarante-cinquiéme. Signé LOUIS, & ſur le reply, Par le Roy, COLBERT, avec paraphe ; Et à côté eſt écrit, Regiſtrées, ouy le Procureur Géneral du Roy, pour joüit par les Impetrans & ceux qui les ſuccederont audit Métier, de leur effet & contenu, & être exécutées ſelon leur forme & teneur, ſuivant l'Arrêt de ce jour. A Paris en Parlement, le vingt-cinq Juin 1688. Signé, JACQUES, avec paraphe. Et à côté eſt encore écrit, Viſa, BOUCHERAT, pour Lettres de Confirmation de Statuts aux Maréchaux de Paris.

EXTRAIT DES REGISTRES
de Parlement.

VEU par la Cour la Requête à elle préſentée par les Jurez, Anciens, Bacheliers & autres Maîtres de la Communauté des Maîtres Févres Maréchaux de la Ville & Fauxbourgs de

G ij

Paris, afin d'enregiftrement des Lettres Patentes
du Roy, portant confirmation des anciens & nouveaux Statuts de ladite Communauté, données
à Fontainebleau au mois d'Octobre dernier, defdits Statuts : Veu auffi lefdites Lettres & Statuts,
Conclufions du Procureur General du Roy. Ouy
le Rapport de M. Gabriel Petit Confeiller, & tout
confideré, LA COUR a ordonné que lefdites
Lettres feront communiquées au Lieutenant de
Police, & au Subftitut du Procureur général du
Roy, au Châtelet de Paris, pour donner fur iceux
leurs Avis, ou y dire autrement ce que bon leur
femblera ; pour ce fait, rapporté & communiqué
au Procureur Général du Roy, être ordonné ce
que de raifon. Fait en Parlement le quatriéme Décembre 1687. Signé, par collation JACQUES,
avec paraphe.

VEU par Nous Gabriël Nicolas de la Reynie,
Confeiller d'Etat ordinaire, & Lieutenant
Général de Police de la Ville, Prevôté & Vicomté
de Paris ; Et Claude Robert, Confeiller du Roy
en fes Confeils, & Procureur de Sa Majefté en
fon Châtelet de Paris, les Lettres Patentes du
Roy, portant Confirmation des anciens & nouveaux Statuts de la Communauté des Maîtres
Févres-Maréchaux de la Ville & Fauxbourgs de
Paris, données à Fontainebleau au mois d'Octobre dernier, fignées fur le reply, Par le Roy,
COLBERT, & fcellées du grand Sceau de Cire
verte en lacs de Soye rouge & verte, obtenuës &

impetrées par les Jurez, Anciens, Bacheliers &
autres Maîtres de ladite Communauté des Maîtres
Fèvres-Maréchaux de ladite Ville & Fauxbourgs
de Paris, lesdits nouveaux Statuts & Articles de
ladite Communauté, l'Arrêt de la Cour de Parlement du quatriéme Décembre dernier, par lequel ladite Cour avant proceder a l'enregiftrement
defdites Lettres, a ordonné quelles Nous feroient
communiquées pour donner nôtre Avis fur
icelles, ou y dire autrement ce que bon Nous fem-
bleroit : Veu auffi la Requête à Nous préfentée
par lefdits Jurez, Anciens, Bacheliers & autres
Maîtres de ladite Communauté, aux fins de l'e-
xécution dudit Arrêt. NOSTRE AVIS eft, fous le
bon plaifir de la Cour, qu'une grande partie defdits Statuts qui Nous ont été cy-devant par eux
communiqués, font femblables aux anciens, &
que les Articles ajoûtés font conformes à ce qui a
été jugé par les Arrêts, pour maintenir l'ordre &
la difcipline dans la Communauté des Maîtres
Maréchaux, & qu'ils peuvent être enregiftrés s'il
plaît ainfi à la Cour, fans faire aucun préjudice au
public. Fait le neuviéme Juin 1688. la minute
fignée DE LA REYNIE, & ROBERT,
TAUXIER pour SAGOT, avec paraphe.

EXTRAIT DES REGISTRES
de Parlement.

VEU par la Cour les Lettres Patentes du Roy, données à Fontainebleau au mois d'Octobre 1687. signées LOUIS, & sur le reply, Par le Roy, COLBERT, & scellées en lacs de Soye, du grand Sceau de Cire verte, obtenuës par les Jurez, Anciens, Bacheliers & autres Maîtres de la Communauté des Maîtres Févres-Maréchaux de cette Ville & Fauxbourgs de Paris, par lesquelles pour les causes y contenuës, ledit Seigneur Roy auroit loüé, agreé, confirmé & approuvé les anciens & nouveaux Statuts faits pour ladite Communauté : Veut & luy plaît qu'ils soient à l'avenir gardés, observés & executés selon leur forme & teneur, & ainsi que plus au long le contiennent lesdites Lettres à la Cour adressantes. Arrêt du quatre Décembre 1687. par lequel avant proceder à l'enregistrement desdites Lettres, auroit été ordonné qu'elles seroient communiquées avec lesdits Statuts, au Lieutenant de Police & au Substitut du Procureur Général du Roy au Châtelet de Paris, pour donner sur icelles leur Avis, ou y dire autrement ce que bon leur sembleroit; l'Avis donné en exécution dudit Arrêt par lesdits Officiers de Police, le neuviéme du présent mois de Juin, les anciens & nouveaux Statuts faits pour ladite Communauté. Requête des Impétrans afin

d'enregiſtrement deſdites Lettres ; Concluſions
du Procureur Général du Roy : Ouy le rapport
de M. Jean François Joly, Conſeiller. Tout conſideré, LA COUR a ordonné & ordonne que
leſdites Lettres & Statuts feront regiſtrés au Greffe,
pour être exécutés & joüir par leſdits Impétrans,
& ceux qui leur ſuccederont en ladite Communauté, de l'effet & contenu en iceux, ſelon leur
forme & teneur. FAIT en Parlement le 25. Juin
1688. Signé, *par collation*, JACQUES, avec
paraphe.

56

RÉUNION

A la Communauté des Maîtres Maréchaux, des Charges de Jurez en titre d'Office de ladite Communauté.

LOUIS, par la grace de Dieu, Roy de France & de Navarre : A tous ceux qui ces Presentes Lettres verront, SALUT. Nous avons receu l'humble supplication de la Communauté des Maîtres Maréchaux de nôtre bonne Ville de Paris : Contenant que par nôtre Edit du mois de Mars 1691. les Gardes des Corps des Marchands & les Jurez des Arts & Métiers ayant été érigez en titres d'Offices hereditaires, les Jurez pour lors en Charge & plusieurs Anciens de leur Communauté, auroient fait leurs soumissions pour payer la somme de dix-huit mil livres à laquelle avoit été fixée la finance des quatre Offices de Jurez créés pour leur Communauté, mais que pendant qu'ils cherchoient les deniers necessaires pour faire le payement de ladite somme, Jean de la Fond, Jacques le Doux, Jean Bacoul & Guillaume Gibouin, Maître de ladite Communauté, les auroient prévenus ; & ayant financé chacun la somme de quatre mil cinq cens livres entre les mains du Receveur de nos Revenus Casuels, ils

auroient

auroient obtenu des Provisions desdites Charges,
y auroient été receus, & en auroient exercé les
fonctions depuis ledit temps; que lesdits quatre
Jurez au lieu de se contenter des droits de Visite
à eux attribué par ledit Edit, & des droits dont
joüissoient les Jurez électifs à la reception des
Maîtres, auroient obtenu sur simple Requête, sans
appeller & sans entendre la Communauté, un
Arrêt de nôtre Conseil du 11 May 1694. par
lequel ils se seroient fait adjuger quatre cens soi-
xante-quatorze livres pour la reception de chaque
Maître, lesquelles sommes ils auroient depuis
perçeües, & la moitié d'icelles pour la reception
des fils de Maîtres; & d'autant que ces sommes
dont ils se faisoient payer, étoient directement
contraires aux Statuts de la Communauté, qui
d'ailleurs souffroit de grands préjudices par les
contestations qui étoient tous les jours entre lesdits
Jurez, les Anciens & autres Maîtres de la Communauté, les Anciens, Modernes & Jeunes Maîtres se seroient pourvûs pardevant Nous, & nous
auroient demandé que ces droits fussent reglez &
moderez, si mieux n'aimoient lesdits Jurez recevoir leur remboursement; Sur laquelle Requête
Nous les aurions renvoyez pardevant le Lieutenant General de Police & nôtre Procureur au
Châtelet, pour entendre les parties & nous donner
leur Avis; En consequence duquel renvoy & par
leur Avis les Jurez auroient bien voulu se démettre
desdits quatre Offices de Jurez au profit de la
Communauté, moyennant le remboursement de

H

ladite somme de dix-huit mil livres qu'ils nous
ont payée pour la finance desdits Offices, ensemble de leurs frais & loyaux cousts: Ce qui ayant
été accepté par ladite Communeuté sous nôtre
bon plaisir, & dans l'esperance d'obtenir de Nous
la réunion desdits Offices de Jurez, ainsi que nous
avions eu la bonté de les accorder aux autres Communautés de nôtre bonne Ville de Paris, lesdits
Jurez auroient été remboursez de la somme de
dix-neuf mil soixante-une livres quatorze sols,
sçavoir de dix-huit mil livres pour la finance desdits quatre Offices de Jurez, de huit cens vingt-
une livres pour les frais de provisions, reception
& autres loyaux cousts, & de deux cens quarante
livres quatorze sols, pour le reliquat de leur
compte, suivant la Sentence du Lieutenant General de Police, du 23 Mars dernier, au moyen
desquels payemens la Communauté se seroit trouvée entierement quitte envers lesdits Jurez en titre
d'Office, & lesdits Jurez envers la Communauté
ainsi qu'il paroît par les Actes passez pardevant
Bonot & le Court, Notaires au Châtelet de Paris,
les 26 Mars & 22 Avril dernier, contenans quittances desdites sommes, & la cession & remise au
profit de la Communauté desdits Offices de Jurez
aux clauses & conditions y contenües, entre les
mains de l'un desquels Notaires deux des anciens
Maîtres auroient déposé le 24 Mars dernier, la
minute d'une Déliberation faite par les Anciens,
Modernes & Jeunes Maîtres, faisant la plus saine
partie de la Communauté, au désir de laquelle & de

tous les fufdits Actes, ils nous auroient trés-humblement fuppliez de leur accorder la réünion defdits Offices de Jurez, pour & au profit de ladite
Communauté, & d'ordonner l'execution des
Articles contenus en ladite Déliberation: Et voulans
favorablement traiter ladite Communauté & luy
donner des marques de nôtre protection ; A CES
CAUSES, de l'Avis de nôtre Conſeil, qui a vû
la Déliberation des Anciens, Modernes & Jeunes
Maîtres de ladite Communauté, dépoſée pour
minute chez ledit le Court Notaire, le 24 Mars
dernier, & leſdits deux Actes des 25 Mars & 22
Avril auſſi dernier, contenant la démiſſion deſdits
Jurez en titre, la reconnoiſſance du payement à
eux fait de la finance de leurs Charges, frais loyaux
couſts & reliquat de compte, & la remiſe de leurs
Charges au profit de la Communauté, le tout
attaché ſous le contre-ſcel de nôtre Chancellerie ;
Et de nôtre certaine ſcience, pleine puiſſance &
autorité Royale, Nous avons dit & ordonné, &
par ces Preſentes ſignées de nôtre main, diſons
& ordonnons, voulons & nous plaiſt, que leſdits
quatre Offices de Jurez de la Communauté des
Maîtres Maréchaux à Paris, créez par Edit du
mois de Mars 1691 & dont leſdits de la Fond,
le Doux, Bacoul & Gibouin ſe ſont démis ſous
nôtre bon plaiſir, ſoient & demeurent à toujours
réunis & incorporez à ladite Communauté des
Maîtres Maréchaux, comme de fait Nous les avons
réunis & incorporez, réüniſſons & incorporons
à ladite Communauté des Maîtres Maréchaux à

H ij

à Paris, pour jouir par elle des droits de Visite
& autres droits attribezausdits Offices, & estre
lesdits Offices exercez suivant les Statuts de la Communauté par ceux qui seront éleus en vertu des
Commissions qui leur seront délivrées par nôtre
Procureur au Châtelet, en la maniere accoûtumée,
sans être obligez de prendre de Nous aucunes Provisions, dont Nous les avons dispensez, dérogeant
à cet égard à nôtre Edit du mois de Mars. 1691.
Voulons qu'il soit incessament procedé pardevant
nôtredit Procureur au Châtelet, à l'Election de
quatre Jurez, dontdeux des plus anciens exerce-
ront pendant un an seulement, & les deux autres
pendant deux ans, & payeront lesdits Jurés & ceux
qui se feront à l'avenir en faveur de leur Election,
chacun la somme de cent livres pour être employés
au payement des dettes de la Communauté,
contractées pour nôtredit service ; de laquelle
ceux qui ne doivent être éleus que pour un an
ne payeront que la moitié. Tous les Anciens
Maîtres, les Modernes & les Jeunes qui auront
prêté au moins cent livres à la Communauté,
seront appellez ausdites Elections, & nuls ne pourront être éleus Jurez qu'ils n'ayent pareillement
prêté du moins cent livres à la Communauté ;
Les droits de Visite établis par l'Edit du mois de
Mars 1691 & par l'Arrest du Conseil du cinq
Février 1697. pour les Charges d'Auditeurs des
Comptes, seront payez entre les mains des Jurés
sans aucune augmentation, & sera payé dix sols
pour chacune Visite au profit particulier des Jurés

pour les frais desdites Visites, pendant qu'il restera
des dettes à payer, & après l'acquit d'icelles ne
sera plus payé aux Jurez que cinq sols Pour chaque
Brevet d'Apprentissage sera payé trente livres au
profit de la Communauté. Pour la Reception d'un
Maître de chef-d'œuvre la somme de huit cens
livres non compris le droit Royal, les droits de
la Lettre, de l'Hôpital General, & ceux des Jurez
à raison de six livres pour chaque Juré; & seront
appelez à voir faire le chef-d'œuvre tous les Anciens, huit Modernes & autant de Jeunes alternativement du nombre de ceux qui auront prêté
à la Communauté pour le remboursement des
Offices de Jurez, auxquels Anciens, Modernes
& Jeunes il ne sera payé aucuns droits jusqu'à ce
que toutes les dettes soient payées, ayans volontairement abandonnez pour faciliter la liberation
plus prompte de la Communauté. Sera payé pour
la reception d'un fils de Maître trente livres, &
demy droit aux jurez seulement. Tous les deniers
appartenans à la Communauté, tant à cause des
droits de Visite, que pour les Brevets d'Apprentis-
sages & receptions, même les deniers qui seront
payez par les nouveaux Jurez en faveur de leur
élection, & tous les autres revenus de ladite Communauté seront receus par les deux Anciens Jurez
qui seront tenus d'en faire l'employ; Premierement
à payer les arrerages des rentes ou interêt des
sommes qui auront été prêtées par les Maîtres
pour le remboursement de la finance des Offices
de Jurez & d'Auditeurs & Examinateurs des

Comptes, & les deniers qui resteront entre leurs mains seront employez; sçavoir ceux provenans des Receptions, droits de Visite, & autres droits attribuez aux Jurez par l'Edit du mois de Mars 1691. & Arrêt de nôtre Conseil du 11 May 1694. rendu en consequence, au remboursement des principaux deus aux créanciers qui auront prêté leurs deniers pour le remboursement des Offices de Jurez, & ceux provenans des droits attribuez aux Offices d'Auditeurs des Comptes aux créanciers qui ont prêté pour payer la finance des Offices d'Auditeurs des Comptes, à commencer à l'égard des créanciers qui ont prêté pour le remboursement des Jurez, par ceux qui auront prêté les plus grandes sommes; & en cas d'égalité de sommes par les creanciers les plus anciens en reception; & au cas que la somme qui se trouvera entre les mains des Jurez ne soit pas suffisante pour rembourser en entiere toute la somme principale dûe à celuy des Maîtres qui seroit en son rang d'être remboursé, il sera tenu recevoir son remboursement pour partie à la premiere sommation qui luy sera faite, sinon sera permis aux Jurez de rembourser un autre creancier qui sera en son rang après luy, & qui voudra bien recevoir son remboursement en partie, ou dont la creance n'excedera pas la somme qui se trouvera entre les mains des Jurez, & sans que ledit ordre observé pour les remboursemens donne aucune preference ny aucun Privilege aux créanciers entre eux, tous lesquels auront hypotheques & Privilege special sur lesdits

Offices & droits y attribuez; Et à l'égard des créanciers qui ont prêté pour payer la finance des Offices d'Auditeurs des Comptes, l'ordre étably par l'Arrêt de nôtre Conseil du 5 Février 1697. sera observé, sans que pour quelque cause ou pretexte que se soit les deniers provenans desdits droits puissent être employez à aucune autre dépense, auquel cas les Jurez contrevenans seront tenus en leurs privez noms de rapporter à la Communauté les sommes par eux payées & diverties à d'autres usages, & demeureront les quatre Jurez solidairement responsables des deniers receus par les deux anciens Jurez. Pourront les Jurez qui seront élûs, vendre la rente sur la Ville appartenante à la Communauté, & en employer le prix au rachapt de pareilles sommes principales par elle dûes. Lesdits Jurez & ceux qui leur succederont, aussi-tost qu'ils seront sortis de charge, ou au plûtard dans la quinzaine suvante, rendront compte de leur recepte & dépense pardevant nôtre Procureur au Châtelet en la maniere accoûtnmée en presence des Anciens, six Modernes & six Jeunes, du nombre de ceux qui auront prêté à la Communauté, & le reliquat, si aucun y a, sera aussi-tôt employé au remboursement de quelqu'un des créanciers suivant l'ordre cy-dessus. Lesdits la Fond, le Doux, Bacoul & Gibouin qui se sont démis de leurs Offices en faveur de la Communauté, seront censez & reputez Anciens du jour qu'ils ont été pourveus & receus ausdits Offices; & au cas qu'ils eussent cy-devant passé par les charges,

conferveront leur rang d'ancienneté du temps de
leur premiere Jurande, & en qualité d'Anciens
feront appellez aux receptions des Maîtres, élection
de Jurés, & à toutes les Affemblées qui feront
faites pour les affaires de la Communautée, &
joüiront de tous les droits, franchifes & prérogati-
ves dont jo: iffent les autres anciens Maîtres, même
ne payeront que chacun trois livres par an au lieu
de quatre livres de droits de Vifite établis par
l'Edit du mois de Mars 1691. eux & leurs veuves
demeurans en viduité: Seront en outr exémps
pendant dix années de la vifite des Jurez, fauf en
cas de plainte de quelques abus ou malverfations à
y être pourvû par le Lieutenant General de Police, & en vertu de la Sentence par luy rendue le
23 Mars dernier demeureront déchargez de toute autre redition de compte, & de toute les
recherches qui pouroient être faites contre eux
pour les droits par eux receus, foit pour les Vifites,
Aapprentiffages, Receptions de Maîtres ou autres
droits de quelque qualité qu'ils foient. Voulons
qu'après que les dettes creées pour lefdites Charges de Jurez & d'Auditeurs des Comptes auront
été entierement payées, les fils de Maîtres foient
receus fans rien payer, ainfi que par le paffé, les
Jurés déchargez de payer ladite fomme de cent
livres, les anciens & autres qui feront appellez aux
Chef-d'œuvres, payez de leurs droits comme avant
l'Edit du mois de Mars 691. & que les droits
de Vifite, Apprentiffages & Receptions des Maîtres, foient & demeurent réduits aux anciens droits
porté

porté par les Statuts de ladite Commu... :, lesquels seront au surplus executez selon leur forme & teneur. SI DONNONS EN MANDEMENT à nos amez & feaux Conseillers les gens tenans nôtre Cour de Parlement à Paris, que ces Presentes ils ayent à faire registrer, & le contenu en icelles garder & observer selon sa forme & teneur : CAR tel est nôtre plaisir. En témoin dequoy Nous avons fait mettre nôtre Scel à cesdites Presentes. DONNE' à Versailles le quinziéme jour de Juin l'an de grace mil sept cens, & de nôtre Regne le cinquante-huitiéme. Signé LOUIS. *Et plus bas*, Par le Roy, PHELIPEAUX, avec paraphe.

Registrées, ouy le Procureur General du Roy, pour jouir par les Impetrans de leur effet & contenu, & être exécutées selon leur forme & teneur, suivant l'Arrêt de ce jour. A Paris en Parlement le huitiéme jour de Juillet mil sept cens. Signé, DU TILLET, avec paraphe.

Extrait des Registres de Parlement.

VEU par la Cour les Lettres Patentes du Roy, données à Versailles le 15 Juin mil sept cens, signées LOUIS, & plus bas, par le Roy, PHELYPEAUX, & icellées du grand Sceau de cire jaune, obtenuës par la Communauté des Maîtres Maréchaux de Paris, par lesquelles, pour les causes y contenuës, le Seigneur Roy auroit dit & ordonné, veut & luy plaît, Que les quatre

Offices de Jurez de la Communauté desdits Maî⸗
tres Maréchaux, créez par Edit du mois de Mars
mil six cens quatre-vingt-onze, & dont Jean de
la Fond, Jacques le Doux, Jean Bacoul & Guil⸗
laume Gibouin, Maîtres de ladite Communauté,
se sont démis, soient & demeurent à toûjours reü⸗
nis & incorporez à ladite Communauté des
Maîtres Maréchaux à Paris, pour joüir par elle
des droits de Visite & autres droits attribuez aus⸗
dits Offices, & être lesdits Office exercez suivant
les Statuts de ladite Communauté, par ceux qui
seront éleus en vertu des Commissions qui leur se⸗
ront délivrées par le Substitut du Procureur Ge⸗
neral du Roy au Châtelet, en la maniere accoû⸗
tumée, sans être obligez de prendre aucunes Pro⸗
visions, dont le Seigneur Roy les auroit dispensez,
dérogeant à cet égard à l'Edit du mois de Mars
mil six cens quatre-vingt-onze; ainsi que plus au
long le contiennent lesdites Lettres à la Cour
adressantes. La Déliberation des Anciens, Modernes
& Jeunes Maîtres de ladite Communauté, pour
la réünion desdits Offices & execution des Articles
contenus en ladite Deliberation du vingt-quatrié⸗
me Mars mil sept cens. La demission des Titu⸗
laires desdits Offices de Jurez du vingt-cinq dudit
mois de Mars: La Quittance de remboursement
desdits Offices ausdits Titulaires du vingt-deux
Avril mil sept cens: Le tout attaché sous le contre-
cel desdites Lettres. Requête afin d'enregistre⸗
ment d'icelles. Conclusions du Procureur General
du Roy. Oüy le rapport de M. Robert Bruneau

Conseiller. Tout consideré LA COUR a ordonné & ordonne que lesdites Lettres seront enregistrées au Greffe d'icelle, pour joüir par les Impetrans de leur effet & contenu, & être exécutées selon leur forme & teneur. FAIT en Parlement le huit Juillet mil sept cens. Collationné. Signé Du TILLET.

✤✤✤✤✤✤✤✤✤✤✤✤✤✤✤✤
✤✤✤✤✤✤✤✤✤✤✤✤✤✤✤✤

ARREST du Conseil d'Etat du Roy, qui ordonne la levée de quatre livres par an sur chaque Maître Maréchal pour la réunion des Offices d'Auditeurs des Comptes à leur Communauté.

Extrait des Registres du Conseil d'Etat du 6 Février 1697.

SUR la Requête presentée au Roy en son Conseil par les Jurés, Corps & Communauté des Maitres Maréchaux à Paris; Contenant que Sa Majesté par Arrêt de son Conseil du 14 Juin 1695, ayant ordonné que les Offices d'Auditeurs Examinateurs des Comptes des Corps des Marchands & Communautés d'Arts & Métiers de la Ville & Fauxbourgs de Paris, créés par Edits du mois de Mars 1694. seroient & demeureroient pour toûjours réunis & incorporés auxdits Corps & Communauté, auxquels appartiendroit le droit Royal attribué auxdits Offices depuis ledit Edit, & a toûjours, pour être payé par chacun Aspirant

I ij

à la Maîtrife , fuivant la fixation portée par l'Edic
du mois de Mars 1691.& en outre que lefdits Corps
& Communautés jouiroient , à commencer au premier Janvier 1695 , des gages qui leur étoient
attribues par l'état d'évaluation arrêté au Confeil ,
eu égard à la portée du droit Royal & defdits
gages , & que dans quinzaine pour toutes préfi-
xions & délais , il feroit fait à la requête des
Gardes , Syndics & Jurés des Corps des Marchands
& Communautés d'Arts & Métiers , des répar-
zitions de la finance defdits Offices fur le pied de
ladite évaluation fur tous ceux qui compofent lefdits
Corps & Communautés , privilegiés & non privilegiés , le plus équitablement que faire fe pourroit ,
à proportion des facultés de chaque particulier ; le
montant defquells répartitions feroit payé ; enfemble les deux fols pour livre , un tiers après la fignifi-
cation dudit Arrêt , le fecond tiers trois mois après ,
& le parfait payement dans les trois mois fuivans ;
fçavoir les fommes principales fur les quittances du
Tréforier des revenus cafuels , ou fur les récepiffés
de Maître Mathieu Lion chargé du recouvrement
de ladite finance , fes Procureurs , Commis ou
prépofés , portant promeffe de rapporter ladite
quittance , & les deux fols pour livre fur celle
dudit Lyon : Et depuis la finance defdits Offices
ayant été moderée pour la Communauté des
Maréchaux à la fomme de 13000 liv. & les deux
fols pour liv. avec attribution de 570 liv. de gages
& du droit Royal , ils auroient non feulement
fait leurs foumiffions de payer ladite fomme de

13000 liv. & les deux sols pour liv. mais ils seroient
même entrés en payement d'une partie de ladite
finance, & aprés plusieurs assemblées & diverses
propositions faites, ils seroient enfin demeurés
d'accord par une Déliberation du 15 Janvier dernier
arrêtée entre les Jurés & la plus grande & saine
partie de la Communauté, & signée de ceux d'entre
eux qui sçavent signer, que le rolle de répartition
de la somme totale de 14300 livres fait par les
Jurés & Anciens seroit exécuté, & que ceux des
Maîtres qui fourniroient & prêteroient leurs deniers
pour contribuer au payement de ladite somme de
14300 liv. auroient hipoteque & privilege spécial
sur lesdits Offices, gages & droit Royal attribué,
& sur les nouveaux droits qu'ils consentoient de
payer à cet effet, & generalement sur tous les
biens & effets de la Communauté & que tous
lesdits Maîtres, soit qu'il prétassent de petites
sommes, ou de plus considerables, seroient payés
de leurs interêts, à raison du denier 20 ; que pour
assûrer davantage leur payement desdits interêts,
même des principaux, le droit de visite qui se paye
aux Jurés seroit augmenté de quatre livres pour
chacun an, payable par chaque Maître ou veuve
de Maître, lesquels quatre livres ensemble les gages
& ce qui proviendra du droit Royal, seroient reçûs
pendant un an par les nommés Gosset & Cornet
Maîtres Maréchaux, que la Communauté a nommés à cet effet ; & aprés leur année expirée par
ceux qui seront nommés en leur place, entre ceux
des Maîtres qui auront prêté au moins cent livres

à la Communauté : Que pour indemniser lesdits Goffet & Cornet & autres qui leur succederont, de leurs peines, il leur sera payé à chacun la somme de neuf livres à la réception de chaque Maître, laquelle somme sera payée par l'Aspirant, outre celle portée par l'Arrêt du Conseil obtenu par les Jurés, & sans aucune diminution de leurs droits, & sans qu'il soit fait aucune autre augmentation sur les droits qui se payent pour la réception des Maîtres, ou sur les Brevets d'Apprentissage, ni qu'il puisse être reçû aucuns Maîtres sans qualité : Que lesdits Goffet & Cornet seront tenus d'employer les sommes qui proviendront des gages, droit Royal, & de ladite augmentation de quatre livres payables par chaque Maître; premierement au payement des interêts des sommes prêtées par chaque Maître, dont ils rendront compte à la fin de chaque année, & ce qui se trouvera être de reste entre leurs mains après les interêts payés, & en celles des Jurés provenans des réceptions des Maîtres, ou de la rente sur la Ville, ou autres droits de quelque qualité qu'ils soient, appartenans à la Communauté, sera employé au remboursement des principaux, à commencer par les Maîtres plus anciens en réception, sans pouvoir être employés, à autre dépense : Que lesdits Goffet & Cornet, & ceux qui leur succederont dans ladite Recette après l'avoir exercée pendant leur année, seront consiterés comme Anciens, & en auront tous les droits & privileges, le tout sans déroger par les Jurés aux droits par eux acquis par l'Edit du mois de

Mars 1691, & à l'Arrêt du Conseil par eux obtenu en conséquence, & sans préjudice à tout le
reste de la Communauté de ses droits, prétentions
& protestations au contraire, auxquels droits la Déliberation ni tout ce qui sera fait en conséquence ne
pourra nuire ni préjudicier. VEU ladite Requête,
ladite Déliberation du quinziéme Janvier dernier,
& autres pieces attachées à icelle. Oui le Rapport
du Sieur Phelypeaux de Pontchartrain, Conseiller
ordinaire au Conseil Royal, Controlleur Général
des Finances. LE ROY EN SON CONSEIL, a
ordonné & ordonne, qu'en payant par la Communauté des Maîtres Maréchaux de la Ville de Paris,
la somme de treize mille livres pour la finance des
Offices d'Auditeurs-Examinateurs des Comptes
créés par Edit du mois de Mars mil six cens quatre-
vingt quatorze, & celle de treize cens livres pour
les deux sols pour livres de ladite finance, lesdits
Offices seront & demeureront pour toûjours réü-
nis & incorporés à ladite Communauté des Maîtres Maréchaux, sans qu'il soit besoin de prendre
par eux des Lettres de Prov... n dont Sa Majesté
les a relevés & dispensés ; ce faisant la Communauté
jouira suivant l'Arrêt du Conseil du quatre Septembre mil six cens quatre-vingt-seize, des cinq
cens soixante-dix livres de gâges effectifs attribués
ausdits Offices, & du droit Royal, à commencer
depuis l'Edit du mois de Mars mil six cens quatre-
vingt-quatorze, tel qu'il a été établi par celui du
mois de Mars mil six cens quatre-vingt-onze ; Ordonne en outre Sa Majesté que le Rolle de répar-

tition fait par les Jurés & Anciens fera exécuté par
provifion, & que ceux des Maîtres qui fourniront
& prêteront leurs deniers pour contribuer au payement de ladite fomme de quatorze mil trois cens
livres auront hypoteque & privilege fpecial fur
lefdits Offices, gages, droit Roya y attribués, &
fur les nouveaux droits que les Maîtres ont con-
fenti être levés ur eux par augmentation aux anciens, & généralement fur tous les biens & effets
de la Communauté, & que tous lefdits Maîtres
feront payés des interêts des fommes qu'ils auront
prétées à raifon du denier vingt; Que pour affûrer
davantage les payements defdits interêts & même
des principaux, le droit de vifite de quatre livres
par an, qui fe paye aux Jutés, fera augmenté de
pareille fomme de quatre livres par an, à commencer du premier Janvier de la préfente année
mil fix cens quatre-vingt-dix-fept payables par
chaque Maître & Veuve de Maître; lefquelles
quatre livres enfemble les gages, & ce qui proviendra du droit Royal feront reçûs pendant un an par
lefdits Goffet & Cornet, Maîtres Maréchaux nommés à cet effet par ladite Communauté, qui prêteront ferment de b en & fidelement faire ladite
Recette, pardevant le Procureur de Sa Majefté au
Châtelet en préfence duquel, après ladite année
expirée, il en fera nommé deux autres par ceux
des Maîtres qui auront prêté au moins cent livres
à la Communauté, & pour indemnifer aucune-
ment lefdits Goffet & Cornet, & autres qui leur
fuccederont, des peines qu'ils fe donneront pour
ladite

ladite Recette; Ordonne, Sa Majesté suivant &
conformément à la Déliberation de la Communauté du quinze Janvier dernier, qu'ils seront
payés chacun de la somme de neuf livres à chaque
réception de Maître, faisant dix-huit livres pour
les deux, lesquelles seront payées par l'Aspirant,
outre la somme portée par l'Arrêt du Conseil obtenu par les Jurés, & sans aucune diminution de
leurs droits, ni aussi qu'il puisse être fait aucune
autre augmentation sur les droits qui se payent pour
la réception des Maîtres, ou sur les Brevets d'Apprentissage, ni reçû aucuns Maîtres sans qualité
ni Chef-d'œuvres : Seront tenus lesdits Gosset &
Cornet d'employer les sommes qui proviendront
des gages, droit Royal, & desdits quatre livres
d'augmentation payables par chaque Maître. En
premier lieu, au payement des interêts des
sommes prêtées par chaque Maître, & ensuite
au remboursement des principaux, à commencer par les Maîtres les plus anciens en réception, & rendront compte à la fin de chaque
année pardevant le Procureur du Roy au Châtelet, conjointement avec les Jurés, & en la même
forme de ce qu'ils auront reçû & payé; & ce qui
se trouvera de reste entre leurs mains & celles des
Jurés provenant des Réceptions, de la rente sur
l'Hôtel de Ville, des autres droits de la Communauté : Sera pareillement employé au remboursement de quelques principaux comme dessus, sans
pouvoir être divertis ni employés à aucune autre
dépense sous quelque prétexte que ce soit, à peine

K

par lesdits Jurés Goffet & Cornet, & autres Receveurs qui leur succederont, d'en demeurer responsables en leurs noms. Veut Sa Majesté que lesdits Goffet & Cornet, & ceux qui leur succederont en ladite Recette après l'avoir exercée pendant leur année, en avoir rendu compte & payé le reliquat, soient considerés comme Anciens, & qu'ils jouissent de tous les droits & privileges qui leur appartiennent, & ne pourra ladite Déliberation du 15 Janvier dernier, ni le présent Arrêt, faire préjudice aux droits attribués aux Jurés par l'Edit du mois de Mars 1691 & Arrêt du Conseil rendu en conséquence, ni aux droits, prétentions & protestations de la Communauté; & pour l'exécution du présent Arrêt toutes Lettres nécessaires seront expédiées. Fait au Conseil d'Etat du Roy tenu à Versailles le cinquiéme jour de Février mil sept cens quatre-vingts-dix-sept. Collationné. Signé; GOUJON.

LESDITS NOUVEAUX STATUTS, Ordonnances, *Lettres de Confirmation,* ont été réimprimés par les soins des Sieurs JEAN LAMBERT, JEAN LAVILLE, JEAN TAVENET, & ESTIENNE LAFOSSE, tous Jurez en Charge de ladite Communauté, en la présente Année 1742.